Genossenschaftliche Zeit- und Streitfragen.
Begründet von
Ludwig Parisius und Dr. Hans Crüger,
fortgeführt von
Dr. Hans Crüger.
Heft 15. Heft 15.

Genossenschaften und Kriegsstatistik.

Statistische Erhebungen bei den Genossenschaften des Allgemeinen Verbandes der auf Selbsthilfe beruhenden deutschen Erwerbs- und Wirtschaftsgenossenschaften, e. V.

Mit graphischen Darstellungen.

Von

Dr. jur., Dr. oec. publ. E. H. Meyer,
Gerichtsassessor, z. Z. I. Sekretär des Allgemeinen Verbandes der deutschen Erwerbs- und Wirtschaftsgenossenschaften.

Berlin 1917.
J. Guttentag, Verlagsbuchhandlung,
G. m. b. H.

Vorwort.

Seitens des Gesamtausschusses des Allgemeinen Verbandes der auf Selbsthilfe beruhenden deutschen Erwerbs- und Wirtschaftsgenossenschaften waren in der Sitzung vom 8. September 1915 auf Antrag des Anwalts, Justizrat Professor Dr. Crüger, statistische Erhebungen über die Wirkungen des Krieges, insonderheit die der ersten Kriegsmonate, beschlossen worden. Schon in den ersten Novembertagen 1915 konnten die Fragebogen an die Genossenschaften hinausgehen.

Zu Beginn des Jahres 1916 war das Material soweit eingegangen, daß an eine statistische Zusammenfassung des Materials herangetreten werden konnte. Umfangreiche Arbeiten innerhalb des Büros des Allgemeinen deutschen Genossenschaftsverbandes verzögerten bis jetzt die wissenschaftliche Ausbeutung des so gewonnenen statistischen Materials.

Von der Front für einige Zeit zurückgekehrt, konnte ich dank der Vorarbeiten die übernommene Arbeit bald zum Abschluß bringen.

Die statistischen Erhebungen waren veranstaltet worden bei den Genossenschaften des Allgemeinen deutschen Genossenschaftsverbandes. Die Beteiligung der Genossenschaften bei der Kriegsstatistik ergibt sich aus nachstehender Tabelle:

		Dem Allgemeinen Verbande der deutschen Erwerbs- und Wirtschaftsgenossenschaften sind angeschlossen	davon haben zur Kriegsstatistik berichtet
I. Kreditgenossenschaften.			
Zahl der Genossenschaften		945	598
„ „ Mitglieder		618 408	439 885
Eigenes Vermögen	M	350 018 658	248 620 213
Bilanzsumme	„	1 668 947 273	1 157 503 915
Stand der fremden Gelder per 31. 12. 14	„	1 248 424 790	806 090 829
„ „ gewährten Kredite per 31. 12. 14	„	1 275 584 980	883 072 724
II. Konsumvereine.			
Zahl der Genossenschaften		285	115
„ „ Mitglieder		305 313	224 529
Verkaufserlös	M	81 422 509	60 623 026
III. Baugenossenschaften.			
Zahl der Genossenschaften		208	143
„ „ Mitglieder		67 541	48 439
Mietshäuser		4 300	3 527
Erwerbshäuser		4 027	2 584
Aktiven	M	166 196 026	118 812 262
IV. Gewerbliche Genossenschaften.			
Zahl der Genossenschaften		65	27
„ „ Mitglieder		11 921	5 131
Verkaufserlös	M	10 121 875	6 054 297

Die Tabellen geben zugleich einen Aufschluß über den Umfang der geschäftlichen Tätigkeit der berichtenden Genossenschaften innerhalb dieses Verbandes. Die Nachprüfung der zur Kriegsstatistik berichtenden Kreditgenossenschaften ergab, daß es sich dabei sowohl um große und mittlere, als auch kleine Genossenschaften handelt, und zwar sowohl um Kreditgenossenschaften städtischen wie ländlichen Charakters.

Bei den zur Kriegsstatistik berichtenden Konsumvereinen handelt es sich um solche in den verschiedensten Orten und mit der verschiedenartigsten Zusammensetzung ihrer Mitglieder.

Die an der Kriegsstatistik beteiligten Baugenossenschaften verteilen sich gleichfalls über das ganze Deutsche Reich und können als typisch für das gesamte Baugenossenschaftswesen angesehen werden.

Bei den gewerblichen Genossenschaften kommt allerdings der Kriegsstatistik eine abschließende Bedeutung für diese Genossenschaftsart nicht zu, zumal auch die ersten Kriegsmonate keinen großen Einfluß auf die bereits bestehenden Genossenschaften hatten, auch die genossenschaftliche Organisation des Handwerks erst im späteren Verlauf des Krieges stattgefunden hat.

Die Zahlen und die Nachprüfung der einzelnen Genossenschaften zeigen, daß man das aus der Kriegsstatistik sich ergebende Bild als typisch für alle dem Allgemeinen deutschen Genossenschaftsverband angehörigen Genossenschaften annehmen kann. Vergleicht man die Tätigkeit und Bedeutung der in dem Allgemeinen deutschen Genossenschaftsverband zusammengeschlossenen Genossenschaften mit der Gesamttätigkeit aller Genossenschaften, so darf man sagen, daß den bei den Genossenschaften des Allgemeinen deutschen Genossenschaftsverbandes festgestellten Ergebnissen über den Einfluß des Krieges kurz vor und während der ersten Kriegszeit eine allgemeine Bedeutung zur Beurteilung dieses Einflusses auf das gesamte deutsche Genossenschaftswesen zukommt.

Dank gebührt neben den Genossenschaften, die sich der großen Mühe bei der Ausfüllung der Fragebogen unterzogen haben, vor allem dem Anwalt des Allgemeinen Verbandes, Herrn Justizrat Professor Dr. Crüger, der die schwierigen Vorarbeiten der Erhebung geleitet und die ganze Arbeit bis zu ihrer Fertigstellung gefördert hat.

Z. Z. im Felde, im Februar 1917.

Dr. Dr. E. H. Meyer.

Inhalt.

2. Teil.

Konsumvereine, Baugenossenschaften und Gewerbliche Genossenschaften während des Krieges.

Einleitung.

Genossenschaften und Kriegsstatistik.

Der Krieg hat die Bedeutung der Genossenschaften erneut erwiesen und hat ihnen Anerkennung und Verbreitung gebracht. Die allgemeine wirtschaftliche Lage hatte sich in der Zwischenzeit so geklärt, daß eine statistische Erhebung, zumal über die Wirkung des Krieges in den ersten Kriegsmonaten, die uns heute beinahe schon historisch erscheinen, wohl angebracht war. Die Erhebung erstreckte sich auf die dem Allgemeinen Verbande der auf Selbsthilfe beruhenden deutschen Erwerbs- und Wirtschaftsgenossenschaften — im nachstehenden bezeichnet mit Allgemeiner deutscher Genossenschaftsverband oder Allgemeiner Verband — angeschlossenen Genossenschaften. Dem Verbande sind zurzeit nach den Angaben des Jahrbuchs des Verbandes für 1914 angeschlossen:

1.	976	Kreditgenossenschaften	mit	618 408	Mitgliedern,
2.	285	Konsumvereine	„	305 313	„
3.	208	Baugenossenschaften	„	67 541	„ ,
4.	65	Gewerbliche Genossenschaften, und zwar:			
	29	Rohstoffgenossenschaften	mit	2 828	„
	12	Magazingenossenschaften	„	539	„
	17	Produktivgenossenschaften	„	1 966	„ ,
	7	Werkgenossenschaften	„	1 823	„

Von diesen Genossenschaften haben die meisten zu der vorliegenden Kriegsstatistik berichtet, und zwar:

1. 630 Kreditgenossenschaften,
2. 128 Konsumvereine,
3. 146 Baugenossenschaften,
4. 27 Gewerbliche Genossenschaften.

Im einzelnen wird darüber bei den einzelnen Genossenschaftsarten berichtet.

1. Teil.

Die Kreditgenossenschaften im Kriege.

1. Die Wirtschaftslage und der Geldmarkt vor dem Kriege.

Das Jahr 1913 hatte für das wirtschaftliche Leben Deutschlands mit einer Flaute geschlossen. Das erste Halbjahr 1914 brachte einen kleinen Aufschwung, so daß man sagen kann, daß das gewerbliche Leben Deutschlands zur Zeit des Kriegsbeginnes immerhin befriedigend war. Im Jahre 1914 war das Wirtschaftsleben gewissermaßen in einem Stillstand der Aufwärtsbewegung. Der Krieg überraschte so unser Wirtschaftsleben in einem Zustand der Ruhe, besser noch in einem Zustand der Sammlung für eine neue Hochkonjunktur. Verbunden mit dieser wirtschaftlichen Ruhe war eine sehr geringe Anspannung des Geldmarktes. Es lag eine gewisse Geldflüssigkeit vor, zumal auch die Kreditinstitute sich den schon an sich geringeren Kreditansprüchen von Handel und Industrie gegenüber einer maßvollen Zurückhaltung befleißigten. Gleichzeitig wurde diese Zeit dazu benutzt, um die vom Reichsbankpräsidenten geforderte Liquidität zu verstärken. Als mit der Erledigung der zahlreichen Quartalsansprüche gleichzeitig eine Verschärfung der politischen Lage eintrat, zeigte sich der Geldmarkt allen Kreditansprüchen und größeren Finanzaktionen gegenüber ganz besonders zurückhaltend, so daß mit Eintritt der Kriegsgefahr der Geldmarkt ein durchaus gesundes und kräftiges Aussehen hatte. „Man wird behaupten dürfen", so heißt es in Conrads volkswirtschaftlicher Chronik 1914 S. 974, „daß der deutsche Geldmarkt sich bei Ausbruch des Weltkrieges in der denkbar günstigsten Verfassung befand, die ihn befähigte, auch den gewaltigen ungeahnten Aufgaben der Kriegszeit in durchaus befriedigender Weise gerecht zu werden. Wenn man von den ersten Wochen des Krieges absieht, in denen, wie überall, zunächst Bestürzung herrschte, so funktionierte der Geldmarkt bis zum Ende des Jahres 1914 zweifellos besser, als in den meisten anderen Ländern und hatte ein kaum wenig günstigeres Aussehen als im Frieden.

Nach Überwindung der ersten Kriegswochen und nach rascher Orientierung in den völlig umgebildeten Wirtschaftsverhältnissen setzte eine Kriegskonjunktur ein, die bei dem umfangreichen und vielseitigen Heeresbedarf manche Industriezweige bedachte, und so den Verlust wichtiger Auslandsbeziehungen weniger fühlbar machte. Die in den Kriegsmonaten andauernde Geldflüssigkeit war zunächst eine Folge der, insbesondere auf die Heereslieferungen zurückzuführenden, Umwandlung unseres Zahlungsverkehrs zum Barverkehr und der damit zusammenhängenden Beschränkung und teilweise völligen Abstoßung bisher benötigter Betriebskredite in vielen Wirtschaftszweigen, sowie der durch die notwendigen Produktionsbeschränkungen ermöglichten Verringerung von Lagerbeständen, indem alle auf solche Weise freigewordenen und neugebildeten Kapitalien bei dem Fehlen anderer Verwertungsgelegenheiten an dem Geldmarkte Anlage suchten."

Diese Kritik unseres Wirtschaftslebens und unseres Geldmarktes ist durchaus zutreffend. Sicher ist, daß es für die Entwickelung aller Kreditinstitute während des Krieges und dem Einfluß desselben auf diese von höchster Bedeutung war, daß der Krieg unser Wirtschaftsleben in einem Zustand der Ruhe und nicht der Hochkonjunktur mit einer Hand in Hand gehenden Überspannung des Kredits überrascht hat. Ohne diese günstige Lage unserer Kreditinstitute wäre es sonst nicht möglich gewesen, der sich notwendig aus den kriegerischen Verhältnissen und der vollständigen Umwandlung unseres Verkehrslebens ergebenden Kriegskreditkrisis so bald und vollständig Herr zu werden.

2. Der Umfang der vorliegenden Kriegsstatistik.

Der Krieg hat, das ist sicher, zunächst eine Kreditkrisis hervorgerufen. Betrachtet man aber den Verlauf, den die durch die kriegerischen Ereignisse heraufgeführte Kriegskreditkrisis gehabt hat, so kann man sagen, daß eine solche heute nicht mehr besteht, daß sie vielmehr mit Beginn des Jahres 1915 geendet hat, nachdem auch der Reichsbankdiskontsatz auf 5 vom Hundert herabgesetzt war, und daß sie bei weitem nicht den Umfang hatte, den man vor diesem Kriege stets befürchtet hatte.

Auch im Verlauf der Kreditkrisis, deren Beginn man auf einige Tage vor Kriegserklärung ansetzen darf, und deren Beginn teilweise zusammenfiel mit den starken Geldansprüchen der Ultimogeschäfte, lassen sich verschiedene Grade der Intensivität feststellen. Die stärkste und akute Kreditkrisis fällt in die Tage vom 25. Juli bis 8. August 1914. Mit Ablauf des August, der Beendigung der Mobilmachung, gleichzeitig mit den ersten großen militärischen Erfolgen, endete die Periode dieser Krisis, um von da bis Ende des Jahres allmählich gänzlich abzuflauen. Auch bei den Kreditgenossenschaften können wir diese drei Perioden einer Kreditkrisis genau verfolgen.

Nachdem so der Verlauf unseres Wirtschaftslebens gezeigt hatte, daß das Jahr 1915 keine Kreditkrisis mehr bedeute, unser Wirtschaftsleben vielmehr wieder normal verlaufe, normal im Sinne einer Anpassung an die durch den Krieg gegebenen Verhältnisse, erschien es angebracht festzustellen, wie denn der Krieg während jener Zeit auf die Kreditgenossenschaften gewirkt habe.

Diesen Feststellungen diente die Veranstaltung der vorliegenden Kriegsstatistik, soweit sie sich mit den Kreditgenossenschaften des Allgemeinen deutschen Genossenschaftsverbandes befaßt. Ein umfangreicher Fragebogen suchte sich über die einzelnen Verhältnisse Aufklärung zu verschaffen. Der Fragebogen hat den nachstehenden Inhalt:

Kriegsstatistik. November 1915.

Kreditgenossenschaften.

1. Bestand der Spareinlagen einschließlich Depositen, Scheckgelder, Kontokorrentguthaben:
   am 15. Juli 1914 Mark 15. August 1914 .... Mark
   „ 30. September 1914 ...
   „ 31. März 1915 .... „ 31. Dez. 1914 .... Mark
2. Höhe der Abhebungen (Spareinlagen, Depositen, Scheckgelder, Kontokorrentguthaben) in der Zeit vom 15. 7. 1914 bis 15. 8. 1914, desgleichen für denselben Zeitraum in 1913 (siehe beiliegende Tabelle Pos. A).
3. Zahl der Posten der Abhebungen in der Zeit vom 15. 7. 1914 bis 15. 8. 1914, desgleichen für denselben Zeitraum in 1913 (siehe beiliegende Tabelle Pos. A).

   Höhe der Einzahlungen (Spareinlagen, Depositen, Scheckgelder, Kontokorrentguthaben) in der Zeit vom 15. 7. 1914 bis 15. 8. 1914, desgleichen für denselben Zeitraum in 1913 (siehe beiliegende Tabelle Pos. B).
5. Zahl der Posten der Einzahlungen in der Zeit vom 15. 7. 1914 bis 15. 8. 1914, desgleichen für denselben Zeitraum in 1913 (siehe beiliegende Tabelle Pos. B).
6. Kündigungen in der Zeit vom 15. 7. 1914 bis 15. 8. 1914 auf spätere Termine:

[In einer beigelegten Tabelle war die Bewegung der Spargelder nach Tagen geordnet einzutragen. Die Tabelle wies folgende Rubriken auf, und zwar sowohl für 1914 wie 1913:]

A. Abhebungen				B. Einzahlungen				Kündigungen in der Zeit vom 15. 7. — 15. 8. auf spätere Termine	
Täglich rückzahlbare Einlagen		Einlagen mit Kündigungsfrist		Täglich rückzahlbare Einlagen		Einlagen mit Kündigungsfrist			
Posten	Mark	Posten	Mark	Posten	Mark	Posten	Mark	Posten	Mark

7. Wurden für die Auszahlungen Beschränkungen eingeführt und worin bestanden diese?

Sind insbesondere Guthaben, welche auf tägliche Abhebung angelegt waren, in jedem geforderten Betrage glatt ausgezahlt worden oder hat man nur Teilbeträge herausgegeben?

An welchem Tage wurden die Höchstbeträge festgesetzt und wann abgeändert?

Bestanden Verabredungen mit anderen am Platze ansässigen Genossenschaften oder Sparkassen?

8. Hat ein Ansturm auf die Kasse stattgefunden?

War derselbe — außer durch Angstabhebungen infolge allgemeiner Kriegsfurcht — durch besondere Gründe veranlaßt?

9. Auf welche Gründe sind die Einzahlungen, zumal in der Zeit vom 23. 7. 1914 bis 4. 8. 1914 zurückzuführen?

Handelt es sich um die gewöhnlichen geschäftlichen Vorgänge?

Sind die Einzahlungen zur Sicherung der Bestände erfolgt?

10. Summe der Gesamtkredite (Kontokorrentkonto, Vorschußkonto, Wechselkonto usw. — es sollen alle Kredite einbezogen werden, z. B. auch Steiggelder, Hypotheken),

am 30. Juni 1914 Mark

„ 30. „ 1915 „ 31. Dezbr. 1914 Mark

11. Woher sind die erforderlichen Mittel für die Befriedigung der Gläubiger in der Zeit vom 15. 7. 1914 bis 15. 8. 1914 genommen?

Reichten die Kassenbestände aus?

(Zu den Kassenbeständen sind auch die verfügbaren Bankguthaben und Primadiskonten zu zählen.)

Wurde Kredit in Anspruch genommen?

Bei wem?

In welcher Form?

Wurden Wertpapiere beliehen?
Wurden Geschäftswechsel diskontiert?
Wurden Finanzwechsel diskontiert?
Gegen welchen Zins und Provision?

12. Welche Verwendung mögen die im Sparkassen- und Depositenverkehr in der Zeit vom 15. 7. 1914 bis 15. 8. 1914 abgehobenen Gelder gefunden haben?

Sind die Gelder bei anderen Kreditinstituten — Sparkassen angelegt?

Haben sie in der Wirtschaft Verwendung gefunden?

Welche Verwendung sonst?

13. Bestanden am Platz Kriegskreditkassen und welchen Einfluß haben diese auf die Geschäftsführung der Genossenschaft ausgeübt?

14 Sind Blankokredite gewährt, um Mitgliedern die Ausführung von Kriegslieferungen zu ermöglichen?

In welchem Verhältnis steht die Höhe solcher Kredite zu dem Wert der Lieferung?

November 1915.

Kriegsstatistik.

Für alle Genossenschaften.

1. Zahl der Beitrittserklärungen:
   1913.... 1914.. 1915 (bis 1. Oktober)

2. Zahl der Kündigungen:
   1913 1914 1915 (bis 1. Oktober)...

3. Zahl der Todesfälle:
   1913... 1914. 1915 (bis 1. Oktober)
   infolge des Krieges.....

4. Zahl der Ausschließungen:
   1913.... 1914.... 1915 (bis 1. Oktober)...

5. Höhe der Dividende:
   für das Geschäftsjahr 1913. 1914..

6. Höhe des Reingewinnes:
   für das Geschäftsjahr 1913... 1914..

7. Höhe der Überweisungen an die Reserven:
   im Geschäftsjahr 1913..... 1914.........

Von den dem Allgemeinen Verband angeschlossenen zum Jahrbuch 1915 berichtenden 941 Kreditgenossenschaften haben sich 630 an der Berichterstattung beteiligt. Von diesen haben 598 die Fragebogen so vollständig beantwortet, daß sie als Vergleichsmaterial verwendet werden konnten. Von den wichtigsten Genossenschaften liegen Berichte vor. Wie sich diese Berichte auf die dem Allgemeinen Verband angehörigen Unterverbände verteilen, ergibt sich aus nebenstehender Tabelle 1 (S. 13). Für manche Frage, wie z. B. die der Mitgliederbewegung, ist das Material der Jahrbücher vielfach umfassender. Das Material der Kriegsstatistik bringt aber zahlreiche Fragen, die im Jahrbuch keine Beantwortung gefunden haben. Schon mit Rücksicht darauf ist, um für die Arbeit möglichst gleichmäßiges Material zu haben, von der Verwendung der Jahrbuchzahlen Abstand genommen und dieselben nur zur Vergleichung herangezogen worden.

Seitens des Allgemeinen Verbandes waren schon vor dieser Kriegsstatistik zahlreiche Rundschreiben und Einzelerhebungen zu Fragen des Krieges ergangen.

An alle Genossenschaften: Oktober 1914. Umfrage, betr. den Einfluß des Krieges auf den Mitgliederbestand der Genossen (BlfG. 1914

Kriegsstatistik bei den Kreditgenossenschaften.

Tabelle 1.

Lfd. Nr.	Name des Verbandes	Zahl der angeschlossenen Vereine	Zahl der berichtenden Vereine	Zahl der Mitglieder	Eigenes Vermögen ℳ	Bilanzsumme ℳ
1.	Bayerischer Genossenschaftsverband	16	8	17 734	6 847 908	20 019 209
2.	Verband der Kreditvereine zu Berlin	46	16	8 426	13 865 896	42 793 218
3.	„ der Fränkischen Vorschuß- und Kreditgenossenschaften	30	17	5 464	2 350 076	12 201 203
4.	„ Hessischer Vorschuß- und Kreditvereine	24	18	18 028	11 057 982	49 138 405
5.	„ der Kreditgenossenschaften der Lausitz u. d. benachbarten Landesteile	18	15	10 886	6 227 460	32 192 271
6.	„ der Erwerbs- und Wirtschaftsgenossenschaften im Reg.-Bez. Magdeburg, Herzogtum Braunschweig und der Provinz Hannover	42	29	14 453	8 435 623	49 141 632
7.	Verband der Erwerbs- und Wirtschaftsgenossenschaften am Mittelrhein	73	38	44 176	28 491 739	139 188 957
8.	„ der Norddeutschen Erwerbs- und Wirtschaftsgenossenschaften	50	30	14 431	5 568 708	35 405 980
9.	„ der Vorschuß- und Kreditvereine von Nordwestdeutschland	46	28	17 456	9 679 052	59 938 578
10.	„ der Oberbadischen Kreditgenossenschaften	40	22	13 413	5 635 764	32 065 110
11.	Verb. der Ost- u. Westpreußischen Erwerbs- u Wirtschaftsgenossenschaften	85	56	43 343	25 137 642	111 225 178
12.	Verband Pfälzischer Erwerbs- und Wirtschaftsgenossenschaften	25	21	15 460	12 716 154	65 531 002
13.	„ der Verschuß- und Kreditvereine von Pommern und den Grenzkreisen der Mark Brandenburg	35	29	14 255	8 159 594	39 105 006
14.	Verb. der deutschen Erwerbs- u Wirtschaftsgenossenschaften der Prov. Posen	37	27	18 231	7 676 632	33 517 815
15.	„ der Kreditgenossenschaften von Rheinland, Westfalen, Lippe u. Waldeck	27	14	9 561	6 135 697	27 181 776
16.	Verband der Vorschußvereine in der Prov. Sachsen u. dem Herzogt. Anhalt	35	17	5 862	2 723 213	13 013 311
17.	„ Sächsischer Erwerbs- und Wirtschaftsgenossenschaften	36	18	6 532	5 202 416	29 434 683
18.	„ der Erwerbs- und Wirtschaftsgenossenschaften Schlesiens	91	53	50 563	20 533 087	92 029 453
19.	„ Verband der Erwerbs- und Wirtschaftsgenossenschaften der Provinzen Mecklenburg und Oberhessen	22	18	8 248	4 788 948	22 167 683
20.	Verband Thüringischer Vorschußvereine	94	57	41 185	13 432 237	60 220 853
21.	„ der Unterbadischen Kreditgenossenschaften	53	44	46 965	27 916 889	121 600 290
22.	„ der Kreditgenossenschaften von Westbrandenburg und den angrenzenden Landesteilen	30	16	9 094	12 222 431	53 871 739
—	Keinem Unterverband angehörend	17	7	6 119	3 815 065	16 520 563
		972	**598**	**439 885**	**248 620 213**	**1 157 503 915**

S. 781). Genossenschaften während der ersten Kriegsmonate. November 1914 (BlfG. 1915 S. 1). Genossenschaften während der Kriegsmonate August 1914 bis Juni 1915 (BlfG. 1915 S. 437).

Auch innerhalb der Unterverbände liegt schon zahlreiches statistisches Material vor, das sich mit einzelnen der hier erörterten Fragen befaßt. Schon mit Rücksicht auf den geringeren Umfang solcher Erhebung konnten diese Erörterungen teilweise weiter und mehr ins einzelne gehen, als bei einer großen Erhebung, die sich auf alle dem Allgemeinen Verband angeschlossenen Unterverbände bezieht. Solche Sondererhebungen über den Geldverkehr in den ersten Kriegsmonaten lagen vor:

im Verband der Erwerbs- und Wirtschaftsgenossenschaften am Mittelrhein, mitgeteilt in den Blättern für Genossenschaftswesen 1914 S. 690,

im Verband Pfälzischer Erwerbs- und Wirtschaftsgenossenschaften, mitgeteilt in den Blättern für Genossenschaftswesen 1915 S. 48,

im Verband der Vorschuß- und Kreditvereine von Nordwestdeutschland, mitgeteilt in den Blättern für Genossenschaftswesen 1915 S. 91,

im Verband Hessischer Vorschuß- und Kreditvereine, mitgeteilt in den Blättern für Genossenschaftswesen 1915 S. 212,

im Verband der Vorschuß- und Kreditvereine von Pommern mit dem Grenzverein der Provinz Brandenburg, mitgeteilt in den Blättern für Genossenschaftswesen 1915 S. 247,

im Verband der Erwerbs- und Wirtschaftsgenossenschaften der Provinz Starkenburg und Oberhessen, mitgeteilt in den Blättern für Genossenschaftswesen 1915 S. 290.

Zu beachten ist, daß bei allen diesen Erhebungen Rücksicht zu nehmen war auf die starke Arbeitslast, die bei den Genossenschaften teilweise auf den einzelnen lag, vor allem infolge Einziehung zahlreicher Angestellten. (Über den Umfang dieser Einziehungen vergl. Jahrbuch 1914 S. 45, BlfG. 1915 S. 436. Anfang Juni standen im Felde bei 588 berichtenden Genossenschaften 307 Vorstandsmitglieder, 370 Aufsichtsratsmitglieder, 1065 Angestellte.)

1. Kapitel.

Der Einfluß des Krieges auf die Mitgliederbewegung der Genossenschaften.

Der Einfluß auf den alten Mitgliederbestand.

Gleich bei Beginn des Krieges wurden Befürchtungen bei den Genossenschaften laut, daß der Krieg zu einer erheblichen Verminderung der Mitgliederzahl führen könne. Die Gründe für solchen Rückgang wurden erblickt außer in dem Ausfall an Mitgliedern durch Tod im Felde, vor allem in den Kündigungen seitens der Mitglieder, die entweder Befürchtungen hegten oder ihre Guthaben freihaben wollten. Es wurde sogar schon an eine gesetzgeberische Maßnahme gedacht, um den dadurch drohenden Gefahren vorzubeugen. Von seiten des Allgemeinen Verbandes wurde daher versucht, im Wege einer Umfrage festzustellen, in welchem Umfang tatsächlich die Genossenschaften in ihrem Mitgliederbestande während des Krieges bedroht würden. Auf Grund dieser Erhebung stellt Dr. Crüger fest: „Die Befürchtung, daß die Zahl der Kündigungen sehr erheblich sein würde, hat sich durchaus nicht erfüllt. Auch das Ausscheiden durch Tod gibt zu keiner Beunruhigung Anlaß" (BlfG. 1914 S. 782, Jahrbuch 1914 S. 45). Die Nachprüfung an Hand der vorliegenden Kriegsstatistik ergibt folgendes:

Die Verminderung des alten Mitgliederbestandes kann sich vollziehen

1. durch Kündigung seitens der Mitglieder,
2. durch Ausschluß seitens der Genossenschaft,
3. durch Tod.

Die Kündigungen bei den berichtenden 598 Genossenschaften betrugen

1913	15 629,
1914 .	13 814,
1915 . . .	12 701 (vergl. umseitig Tabelle 2).

Was man allgemein befürchtet hatte, eine gesteigerte Kündigung seitens der Mitglieder, ist nicht eingetreten. Die Befürchtungen stützten sich vor allem darauf, daß Mitglieder aus Ängstlichkeit zahlreicher kündigen würden. Daß dieses nicht in dem befürchteten Umfange eingetreten ist, darf man wohl u. a. darauf zurückführen, daß die Kreditgenossenschaften sich während des Krieges, vor allem auch während der ersten Kriegstage so hervorragend bewährt hatten. Kündigungen, um

Tabelle 2.

Mitgliederbewegung bei den Kreditgenossenschaften in den Jahren 1913 bis 1915.

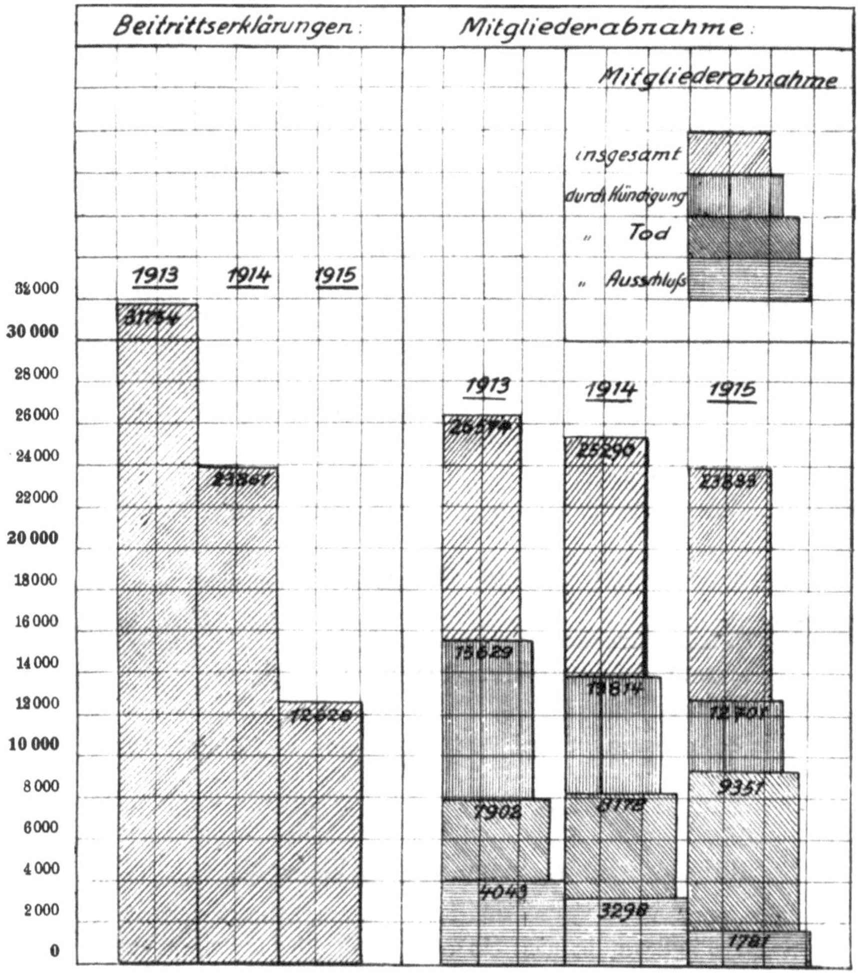

über das Guthaben verfügen zu können, scheinen gleichfalls nicht in umfangreichem Maße stattgefunden zu haben. Soweit die Mitglieder bei der Genossenschaft einen Kredit hatten, waren, wie auch sonst, Kündigungen seitens der Mitglieder wenig zu befürchten.

Der Ausschluß. Auch die Ausschließungen von Mitgliedern seitens der Genossenschaften sind in den Kriegsjahren zurückgegangen. Sie sanken von 4043 1913 auf 1781 in 1915 (vergl. Tabelle 2). Das bedeutet einen Rückgang um rd. 60 %. Die Gründe für diesen Rückgang wird man wohl vor allem darin zu suchen haben, daß auch die Genossenschaften ihrerseits vielfach vermieden haben, an bestehenden Verhältnissen zu rühren, wenn das Mitglied im Felde steht oder eine durch den Krieg geschaffene mißliche Lage gegeben war. Man suchte eben zu vermeiden, dem Genossen Schwierigkeiten zu bereiten.

Die Zahl der unsicheren Konten bei den Kreditgenossenschaften hat sich im Laufe des Krieges stark vermehrt; das ergibt sich aber aus den allgemeinen wirtschaftlichen Verhältnissen. Eine vorsichtige Bewertung dieser Konten seitens der Genossenschaften erscheint daher dringend notwendig.

Eine Steigerung hat naturgemäß der Abgang an Mitgliedern durch den Tod erfahren, aber auch hier nicht in dem Maße, als man zu Beginn des Krieges gefürchtet (vergl. Tabelle 2). Die Steigerung um 1450 mehr Todesfälle von 1913 auf 1915 ist nicht sehr bedeutend. Die Zunahme an Todesfällen mag vielleicht noch etwas stärker sein, da anzunehmen ist, daß nicht alle Todesfälle zur Kenntnis der Genossenschaften gelangt sind. Man denke nur an die zahlreichen Fälle der Kriegsverschollenheit. Die berichtenden Genossenschaften geben die Zahl der Kriegstodesfälle für die Zeit bis 1. November 1915 mit 2274 an.

Beitritt neuer Mitglieder.

Betrachtet man den Gesamtrückgang in dem alten Mitgliederkreise, so zeigte sich, daß die Kriegsjahre diesen Abgang nicht, wie man gefürchtet hatte, verstärkt haben, sondern daß er sogar geringer geworden ist (vergl. Tabelle 2). Insoweit wäre das Bild für die Genossenschaften allerdings sehr erfreulich. Doch auf den verminderten Mitgliederabgang darf das Urteil nicht allein gestützt werden. Jede Genossenschaft verlangt, will sie fortbestehen, eine gewisse Erneuerung des Mitgliederbestandes, einen Ersatz für die freiwillig oder unfreiwillig ausscheidenden Genossen. Tatsache ist, daß die Kreditgenossenschaften sich in der Zeit vor dem Kriege immer mehr durchgesetzt haben, so daß eine anhaltende Steigerung des Mitgliederbestandes zu beobachten war (vergl. Jahrbuch 1915 S. 119).

Die Zahl der Beitrittserklärungen bei den zur Kriegsstatistik berichtenden Genossenschaften betrug 1913 31 754, 1914 23 861, 1915 12 628. Das bedeutet einen Rückgang gegenüber dem Vorjahre von 24,01 % im Jahre 1914 und von 47,07 % gegenüber dem Vorjahr im Jahre 1915. Vergleicht man Mitgliederabgang mit Mitgliederbeitritt, so ergibt sich ein Mitgliederzuwachs bezw. Rückgang von

+ 5 180 für 1913,
— 1 429 für 1914,
— 11 205 für 1915.

Die Ursache dieses Rückgangs für 1914 und 1915 ist aber, worauf ausdrücklich hinzuweisen, nicht die stärkere Abnahme im alten Mitgliederbestand, sondern die geringeren Beitrittserklärungen. Dieser Rückgang entfällt durchweg auf alle Verbände gleichmäßig (vergl. nebenstehende Tabelle 3). 1915 verzeichnen alle Unterverbände einen Rückgang.

Im ganzen genommen ist der Rückgang an der Zahl der Mitglieder gegenüber ihrer Gesamtzahl nicht sehr erheblich. Das Jahrbuch berechnet ihn, allerdings unter Zugrundelegung anderer Zahlen, auf etwa 3 vom Tausend im Jahre 1914 (Jahrbuch S. 92), auf 2,7 vom Hundert im Jahre 1915 (Jahrbuch 1915 S. 122). Richtig ist, daß der Rückgang noch keinen sehr hohen Prozentsatz des Gesamtbestandes ausmacht; immerhin hat die rückläufige Tendenz sich im Jahre 1915 sehr verstärkt.

Die Berufe, auf die der Rückgang entfällt, sind vor allem die Handwerker, die ihnen gleichstehenden kleinen Wirtschaftsexistenzen der Gast- und Schankwirte; alles Elemente, die am schwersten durch den Krieg getroffen sind.

Tabelle 3.

Mitgliederbewegung bei den einzelnen Verbänden in den Jahren 1913—1915.

Verbände	Zahl der berichtenden Vereine	Beitrittserklärungen			Mitgliederabgang			Zuwachs (+) bezw. Rückgang (—)		
		1913	1914	1915	1913	1914	1915	1913	1914	1915
Bayerischer Genossenschaftsverband	7	1 536	1 379	471	1 525	1 306	1 504	+ 11	+ 73	— 1 033
Verband der Kreditvereine zu Berlin	19	957	612	235	982	1 031	992	— 25	— 419	— 757
" der Fränkischen Vorschuß- und Kreditvereine	20	461	357	209	370	254	230	+ 91	+ 103	— 21
" Hessischer Vorschuß- und Kreditvereine	18	1 015	612	364	834	767	663	+ 181	— 155	— 299
" der Kreditgenossensch. d. Lausitz u. benachb. Landesteile	15	697	575	376	619	518	479	+ 78	+ 750	— 103
" der Erwerbs- und Wirtschaftsgenossenschaften im Reg.-Bez. Magdeburg usw.	29	970	791	446	773	706	575	+ 197	+ 85	— 129
" der Erwerbs- u. Wirtschaftsgenossensch. am Mittelrhein	45	2 467	2 203	1 428	2 507	2 216	2 006	— 40	— 13	— 578
" der Norddeutschen Erwerbs- u. Wirtschaftsgenossensch.	30	1 119	871	489	992	1 090	1 037	+ 127	— 219	— 548
" der Vorschuß- u. Kreditvereine v. Nordwestdeutschland	28	1 555	1 205	587	1 133	1 076	995	+ 422	+ 129	— 408
" der Oberbadischen Erwerbs- u. Wirtschaftsgenossensch.	27	1 120	639	359	949	826	680	+ 171	— 187	— 321
" der ost- u. westpreuß. Erwerbs- u. Wirtschaftsgenossensch.	62	3 859	2 851	884	3 197	2 708	3 199	+ 662	+ 143	— 2 315
" Pfälzischer Erwerbs- und Wirtschaftsgenossenschaften	21	940	701	523	747	727	642	+ 193	— 26	— 119
" der Vorschuß- und Kreditvereine von Pommern und Brandenburg	30	1 111	869	321	889	935	879	+ 222	— 66	— 558
der Deutschen Erwerbs- u. Wirtschaftsgenossenschaften der Provinz Posen	29	1 631	1 390	788	4 042	1 365	1 100	+ 189	+ 25	— 312
der Kreditgenossenschaften von Rheinland, Westfalen, Lippe und Waldeck	14	604	441	221	489	512	425	+ 115	— 71	— 204
d. Vorschußvereine i. d. Prov. Sachsen u. Herzogt. Anhalt	19	414	308	174	316	287	276	+ 98	+ 21	— 102
Sächsischer Erwerbs- und Wirtschaftsgenossenschaften	19	519	360	169	306	370	469	+ 213	— 10	— 300
der Erwerbs- u. Wirtschaftsgenossenschaften Schlesiens	55	3 928	2 926	2 232	3 538	3 216	2 918	+ 390	— 290	— 686
der Erwerbs- und Wirtschaftsgenossenschaften der Provinz Starkenburg und Oberhessen	18	413	329	158	794	520	359	— 381	— 191	— 201
Thüringischer Vorschußvereine	55	2 689	1 860	947	1 851	1 791	1 597	+ 838	+ 69	— 650
der Unterbadischen Kreditgenossenschaften	44	3 040	2 027	1 017	2 741	2 481	2 285	+ 299	— 454	— 1 268
der Kreditgenossenschaften von Westbrandenburg und angrenzenden Landesteilen	16	709	555	233	580	588	501	+ 129	— 33	— 268

2. Kapitel.

Einfluß des Krieges auf die Betriebsmittel der Genossenschaften.

Mitgliederguthaben.

Hand in Hand mit dem Rückgang des Mitgliederbestandes ging auch ein Rückgang in dem Gesamtbestande der Genossenschaftsguthaben.

Für die zur Kriegsstatistik berichtenden Genossenschaften liegen allerdings darüber keine Zahlen vor. Er ergibt sich aber aus den Zahlen des Jahrbuchs für 1914/1915. Der Mitgliederbestand bei den Verbandsgenossenschaften ging danach zurück von 627 329 Mitgliedern 1913 auf 618 408, 1914 auf 601 395, 1915. Die Mitgliederguthaben gingen zurück von 241 615 581 ℳ auf 234 138 826 ℳ 1914 (Jahrbuch 1914 S. 91) bezw. 230 650 079 ℳ 1915 (Jahrbuch 1915 S. 133). Die Durchschnittssätze für das einzelne Mitglied auf die am Jahresschluß vorhandenen Genossenschaftsguthaben betrugen 1913 379,1 ℳ, 1914 378,6 ℳ (Jahrbuch S. 103), 383,5 ℳ 1915 (Jahrbuch 1915 S. 123).

Die Reservefonds bei den Kreditgenossenschaften während des Krieges.

Auch auf die Bildung der Reservefonds, eines gewichtigen Bestandteils des eigenen Vermögens der Genossenschaften, ist der Krieg nicht ohne Einfluß geblieben. Maßgebend für diese Frage ist natürlich das Ergebnis des Reingewinnes. An dieser Stelle soll nur festgestellt werden, ob und in welchem Umfang Überweisungen aus dem Reingewinn an den Reservefonds erfolgt sind. 1913 wurde aus dem Reingewinn den Reservefonds der zur Kriegsstatistik berichtenden Genossenschaften ein Betrag von 5,8 Millionen ℳ zugeschrieben, 1914 nur 5,6 Millionen ℳ. Der Rückgang in der Überweisung gegenüber dem Vorjahre läßt sich nicht allein aus einem Rückgang der Reingewinne erklären; denn dieselben betrugen 1913 16 022 266 ℳ, 1914 16 012 349 ℳ. Es war also ein Rückgang von nur 9917 ℳ zu verzeichnen (vergl. Tabelle 4). Demgegenüber haben die Genossenschaften aber 191 850 ℳ weniger dem Reservefonds überwiesen. Die geringere Überweisung an den Reservefonds steht daher nicht im prozentualen Verhältnis zu dem Rückgang der Reingewinne. Ein Vergleich mit den Zahlen des Jahrbuchs ergibt ein etwas anderes Bild. Danach haben sich die Reingewinne 1914 vermindert, und zwar um 1,7 Millionen (von 24 501 518 ℳ 1913 auf 22 744 085 ℳ) bei 957 bezw. 945 berichtenden Verbandsgenossenschaften.

Reingewinne und Reservefonds bei den Kreditgenossenschaften 1913, 1914.

Tabelle 4.

Verbände	Zahl der berichtenden Vereine	Höhe der Reingewinne 1913	Höhe der Reingewinne 1914	Ueberweisung an Reservefonds aus dem Reingewinn insgesamt 1913	Ueberweisung an Reservefonds aus dem Reingewinn insgesamt 1914
Bayerischer Genossenschaftsverband	7	238 216	193 740	101 753	62 879
Verband der Kreditvereine zu Berlin	18	540 060	677 217	343 978	227 976
" der Fränkischen Vorschuß- und Kreditvereine	21	154 597	164 444	58 912	62 962
" Hessischer Vorschuß- und Kreditvereine	18	730 908	715 586	219 322	262 626
" der Kredit-Genossensch. d. Lausitz u. benachb. Landesteile	15	387 223	444 297	127 526	184 752
" der Erwerbs- und Wirtschaftsgenossenschaften im Reg.-Bez Magdeburg usw.	29	649 093	630 697	208 870	189 751
der Erwerbs- u. Wirtschaftsgenossenschaft. am Mittelrhein	45	1 494 714	1 976 307	632 967	698 431
der Norddeutschen Erwerbs- u. Wirtschaftsgenossenschaften	30	455 897	395 759	44 299	129 926
der Vorschuß- u. Kredit-Vereine von Nordwestdeutschland	28	782 993	778 295	237 684	237 502
der Oberbadischen Erwerbs- u. Wirtschaftsgenossenschaften	27	342 547	356 790	129 861	115 929
der Ost- u. westpreuß. Erwerbs- u. Wirtschaftsgenossensch.	62	1 952 183	1 822 611	799 570	821 489
Pfälzischer Erwerbs- und Wirtschaftsgenossenschaften	21	781 934	736 856	269 603	221 691
der Vorschuß- u. Kreditvereine v. Pommern u. Brandenburg	30	675 263	748 624	262 161	265 573
der Deutschen Erwerbs- und Wirtschaftsgenossenschaften der Provinz Posen	29	598 082	494 906	255 352	188 568
der Kredit-Genossenschaften v. Rheinland, Westfalen, Lippe und Waldeck	14	478 141	363 140	148 906	143 485
der Vorschußvereine i. d. Prov. Sachsen u. Herzogt. Anhalt	19	167 543	166 031	57 237	65 937
Sächsischer Erwerbs- und Wirtschaftsgenossenschaften	18	317 897	298 475	150 540	109 483
der Erwerbs- und Wirtschaftsgenossenschaften Schlesiens	55	1 352 636	1 268 998	472 879	505 946
der Erwerbs- u. Wirtschaftsgenossenschaften der Provinz Starkenburg und Oberhessen	18	299 686	299 326	87 320	97 079
Thüringischer Vorschußvereine	55	869 355	870 652	69 498	260 166
der Unterbadischen Kreditgenossenschaften	42	1 841 234	835 079	69 367	543 438
der Kreditgenossenschaften von Westbrandenburg und angrenzenden Landesteilen	16	912 064	774 519	378 419	238 585
	597	**16 022 266**	**16 012 349**	**5 826 024**	**5 634 174**

Dem Reservefonds aber haben überwiesen

1913 . .	903	Genossenschaften	8 906 934 ℳ
1914 . . .	877	„	7 972 822 „

Auch innerhalb der Unterverbände entspricht die Reservenpolitik durchaus dem Gesamtbild (vergl. Tabelle 4). Verschiedene Verbände haben trotz Rückgang in den Gewinnen stärkere Reservenrückstellungen gemacht (vergl. Tabelle 4). Eine weise Maßnahme in Anbetracht der noch unbekannten Kriegsschäden der Zukunft.

Fremde Gelder, Höhe der Spareinlagen.

Die Betriebsmittel der Genossenschaften setzen sich außer dem eigenen Vermögen auch noch aus den fremden Kapitalien zusammen, die der Genossenschaft durch die Spareinlagen im Scheck- und Kontokorrentverkehr usw. zufließen.

Die Kriegsstatistik befaßt sich zunächst nur mit der Entwickelung der Betriebsmittel aus Spareinlagen einschließlich Depositen, Scheckgeldern und Kontokorrentguthaben. Die Erhebung sucht den Bestand an einzelnen Terminen innerhalb der Zeit vom 15. Juli 1914 bis 30. Juli 1915 zu erfassen, um einen Anhalt über die Schwankungen zu erhalten, die die fremden Gelder im Laufe jener Tage gehabt haben. An dieser Stelle mag nur festgestellt werden, daß die fremden Gelder im ersten Monat seit Beginn der politischen Unruhen, etwa seit dem 15. Juli 1914 während der hauptsächlich kritischen Tage bis etwa 15. August 1914 zurückgegangen sind. Nach dieser Zeit haben sich die fremden Gelder wieder so gestärkt, daß heute den Kreditgenossenschaften nicht der Mangel an fremden Kapitalien Schwierigkeiten zu bereiten droht, sondern umgekehrt die starke Geldflüssigkeit, da es vielfach schwer fällt, die Gelder vorteilhaft unterzubringen (vergl. auch Tabelle 16 S. 49).

3. Kapitel.

Der Einfluß des Krieges auf den Geschäftsverkehr der Genossenschaften.

Der Sparkassen- und Depositenverkehr der Genossenschaften.

Schon lange vor dem Kriege war immer wieder von berufener Seite, so vom Reichsbankpräsidenten, auf strengste Durchführung der Liquidität bei allen Kreditinstituten hingewirkt worden und unter dem Schlagwort *finanzielle Kriegsbereitschaft* wurde seitens des Anwaltes des Allgemeinen Verbandes, Dr. Crüger, immer und immer wieder den Kreditgenossenschaften ans Herz gelegt, eine Stärkung ihrer Reserven vorzunehmen, ihre Liquidität zu vermehren, um allen Anforderungen ihrer Gläubiger im Falle eines Krieges gerecht werden zu können. Diese Ermahnungen hatten noch nicht allenthalben den gewünschten Erfolg gehabt, so daß, als der Krieg tatsächlich ausbrach, wohl nicht ganz mit Unrecht Befürchtungen darüber bestanden, wie unsere Kreditinstitute ihre Aufgaben während des Krieges durchführen könnten. Es bestand die Gefahr, daß in erhöhtem Maße Kreditansprüche an alle Kreditinstitute gestellt würden, die zusammen mit einer starken Rückforderung seitens der Gläubiger auch gut fundierte Institute in ihrem Bestande zu bedrohen imstande waren.

In welchem Umfange haben zunächst Abhebungen, Veränderungen im Bestand der Spareinlagen usw., stattgefunden?

Die Abhebungen während der ersten Kriegstage bei allen Kreditgenossenschaften insgesamt.

Sicher ist, daß die Zeiten der Ungewißheit über die gesamte politische Lage auch die schwersten Zeiten für die Kreditgenossenschaften gewesen sind. Es waren dies die Zeiten, in denen die politischen Verhältnisse einen höchst bedrohlichen Charakter annahmen, etwa seit dem Ultimatum Österreichs an Serbien, sowie die Tage des drohenden Kriegszustandes und der Kriegserklärungen bis zu den ersten militärischen Erfolgen.

Die Kriegsstatistik sucht daher festzustellen, welchen Verlauf die Abhebungen in der Zeit vom 15. Juli bis 15. August 1914 genommen haben, durch eine Erhebung über die Posten und die Beträge der Abhebungen an den einzelnen Tagen. Hierbei sind den Zahlen von 1914 diejenigen von 1913 gegenübergestellt worden, um einen Vergleichsmaßstab zu bekommen, da die Steigerung in den letzten Wochen des Juli und in den ersten Tagen des August teilweise auch zu Lasten der Abwickelung der üblichen Monatsabrechnungen gehen. Über die Bewegung unterrichten die Tabellen 5 und 6 auf S. 25, 26.

Betrachten wir zunächst einmal die Posten der Abhebungen in der fraglichen Zeit. Während in den ersten Tagen vom 15. bis 24. Juli die Zahl der Abhebungen sich noch nicht weit von der des Vorjahres entfernt, beginnt eine verstärkte Abhebung vom 25. Juli ab. Die Zahl der Abhebungen erreicht dann ihren Höhepunkt am 1. August 1914, dem Tage der Mobilmachungserklärung, und geht dann in den

Tagen vom 3. bis 4. August stark zurück. Der 2. August ist ein Sonntag, an dem nur geringer Geschäftsverkehr stattfindet. Der Rückgang hält die nächsten Tage auch weiter an, und am 7. August fallen die Abhebungen schon wieder unter diejenigen des Vorjahres, um von da an bis zum 15. August nicht mehr diejenigen des Vorjahres zu erreichen. Die kritischen Stichtage sind somit die Tage vom 25. Juli bis 4. August einschließlich.

Das Bild ist das gleiche für die Abhebungen täglich rückzahlbarer Einlagen wie auch für die Zahl der Abhebungen von Einlagen mit Kündigungsfrist. Letztere fallen erst vom 11. August wieder unter den Stand des Vorjahres. Auch die Zahl der Kündigungen erfährt in den gleichen Tagen eine starke Vermehrung (vergl. Tab. 7). Hierbei bleibt zu beachten, daß es sich hierbei lediglich um die Kündigungen auf spätere Termine handelt, eine Auszahlung der gekündigten Beträge aber vielfach infolge Zurücknahme der Kündigung nicht stattgefunden hat.

Das gleiche Ergebnis wie für die Zahl der Abhebungen erhalten wir, wenn wir die Höhe der Gesamtabhebungen in der Zeit vom 15. Juli bis 15. August betrachten (vergl. Tab. 6).

Auch die Gesamtsumme der Abhebungen erhebt sich am Ende des Juli weit über die des Vorjahres. Diese starke Steigerung beginnt bereits am 23. Juli, sie erreicht aber bereits am 31. Juli den Hochstand und fällt am 1. August stark wieder unter diesen. Mit Ablauf des 4. August liegt die Gesamtsumme der Abhebungen bereits unter der des Vorjahres, sinkt also früher unter den Stand des Vorjahres, als die Zahl der Abhebungen. Bis 15. August erreicht sie den Stand des Vorjahres nicht mehr.

Diese Abweichung in der Bewegung der Zahl der Abhebungen und der Gesamtsumme der Abhebungen findet ihren Grund in der Veränderung des Durchschnittsbetrages jeder Abhebung in den einzelnen Tagen. Der Durchschnittsbetrag jeder Abhebung war:

23. Juli	645	M	31. Juli	738	M
24. „	777	„	1. August	565	„
25.	861		3. „	491	„
27.	784	„	4. „	566	„
28.	1 754	„	5. „	515	„
29. „	809	„	6. „	599	
30.	805	„	7.	671	

[Fortsetzung S. 28.]

Tabelle 5.

Zahl der Abhebungen 1913, 1914
(Spareinlagen, Depositen, Scheckgelder und Kontokorrentguthaben).

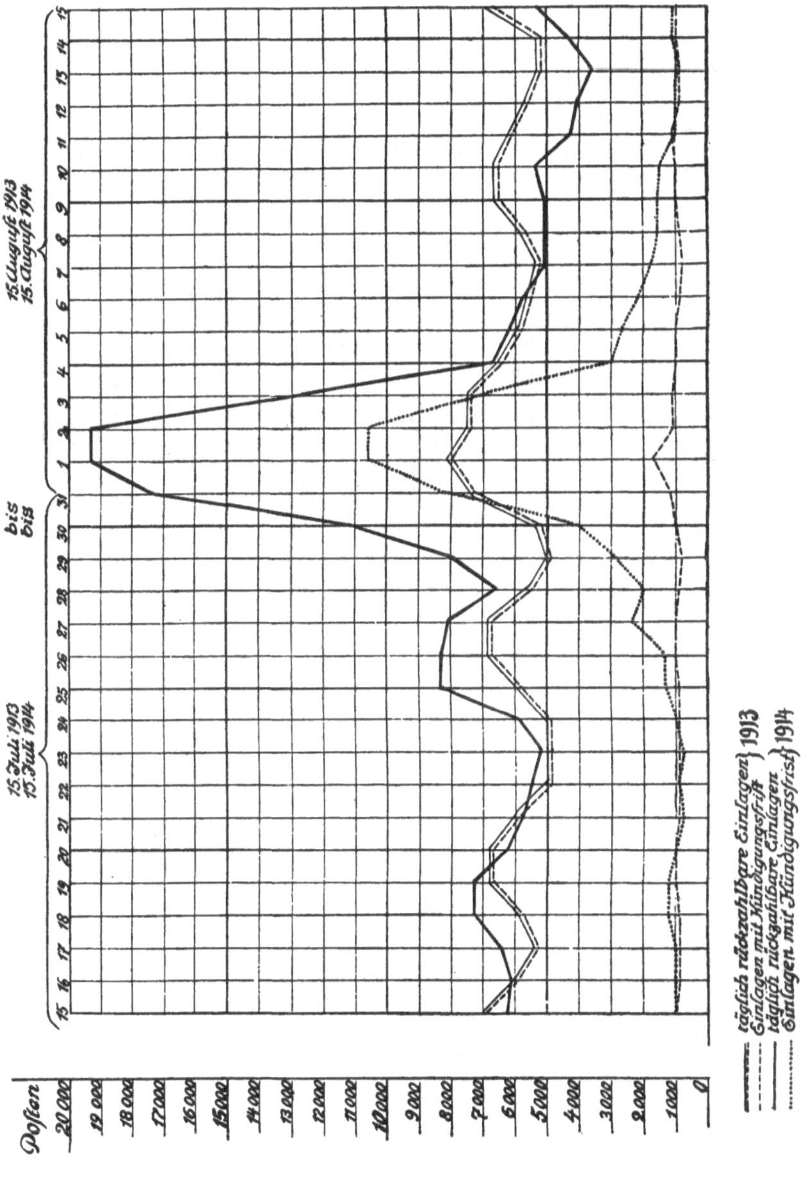

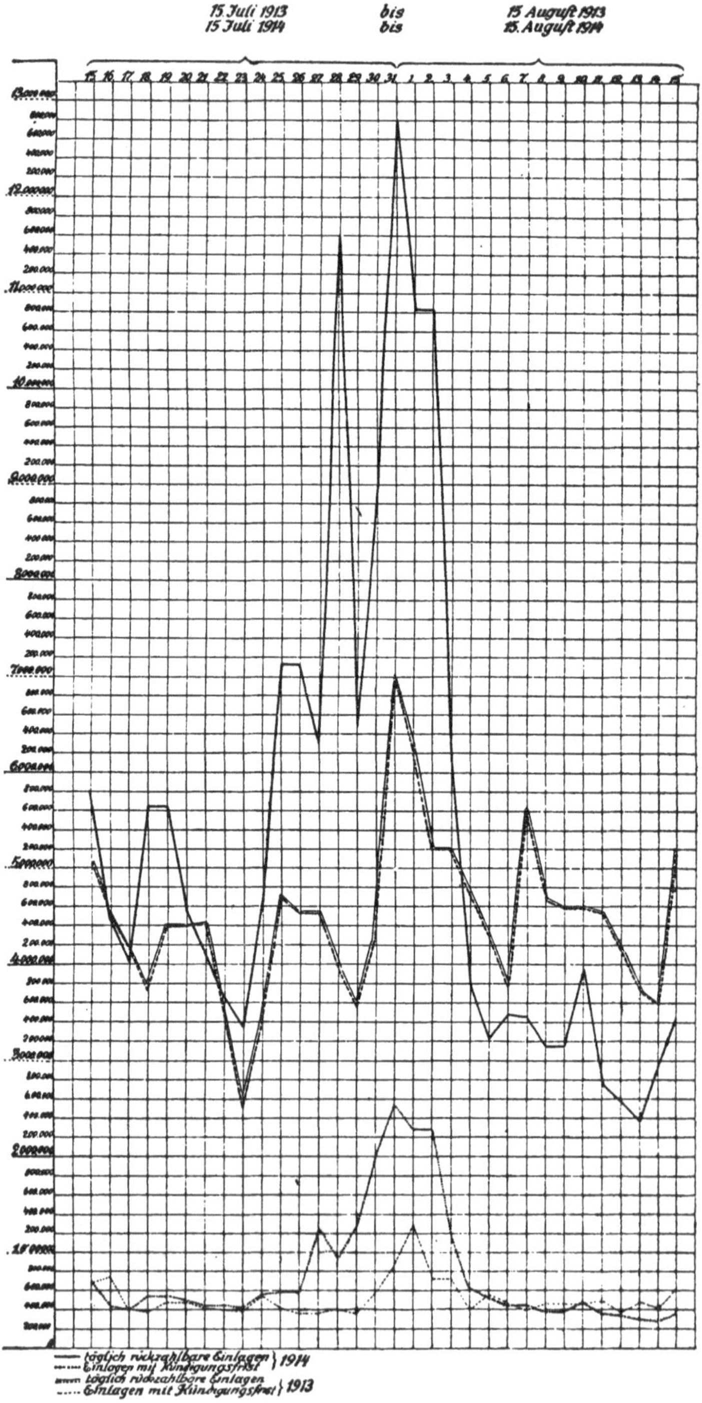

Tabelle 6.

Höhe der Abhebungen 1913, 1914 (Spareinlagen, Depositen, Scheckgelder und Kontokorrentguthaben).

Tabelle 7.

Kündigungen in der Zeit vom 15. Juli bis 15. August 1914 auf spätere Termine.

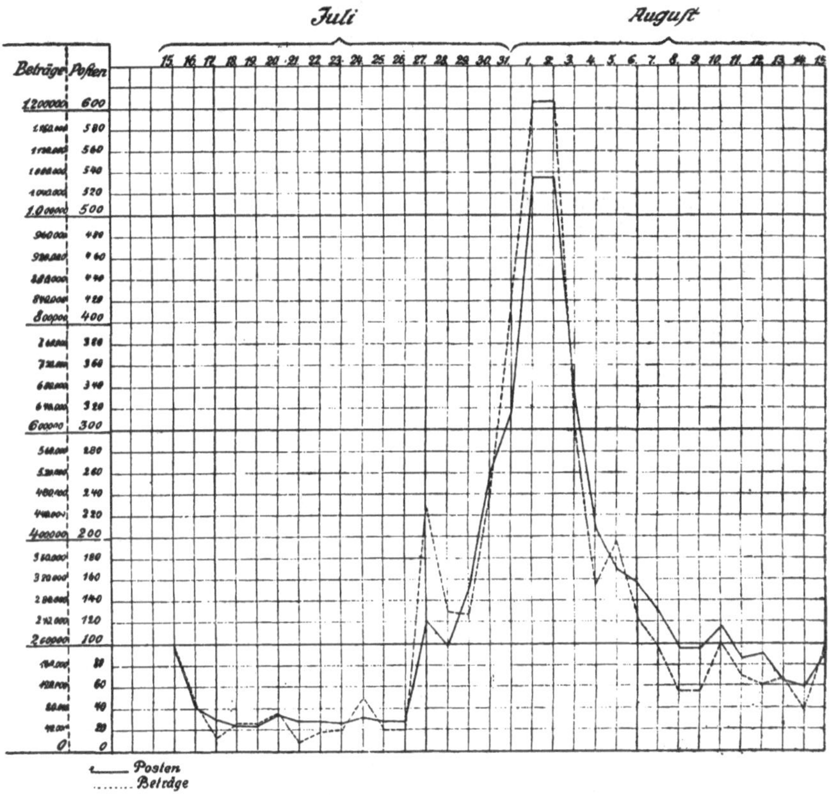

Es zeigt sich eine Steigerung der durchschnittlichen Abhebungen bis zum 28. Juli, von da eine ständige Verminderung bis zum Ablauf des 3. August. Hiermit erklärt sich auch die Abweichung in der Bewegung der Zahl der Abhebungen und in der Höhe der Gesamtabhebungen. Die Masse der kleinen Abhebungen fällt eben in die Tage vom 30. Juli bis 3./4. August. Es sind dies die Tage der drohenden Kriegsbereitschaft, der Mobilmachungserklärung, sowie der ersten Kriegstage. Bis 28./29. Juli haben mehr die größeren Abhebungen stattgefunden. Die Masse der Spareinleger ist zu Angstabhebungen erst in den Tagen gekommen, in denen die politische Lage eigentlich schon wieder geklärt war.

Der Rückgang in der Höhe der Durchschnittsabhebungen vom 29. Juli ab ist aber auch darauf zurückzuführen, daß die Kreditgenossenschaften, um die Höhe der Gesamtabhebungen zu beschränken, bei den Auszahlungen Beschränkungen eingeführt haben. Über diese ist weiter unten zu sprechen.

Die Gesamtzahl der Abhebungen täglich rückzahlbarer Einlagen in der Zeit vom 15. Juli bis 15. August ist gegenüber dem Vorjahr um 21,87 % gestiegen. Die Steigerung der Gesamthöhe der Abhebungen ist nicht so stark. Der Durchschnittsbetrag der Abhebung ging von 782 1913 auf 749 im Jahre 1914 zurück.

Bedeutend stärker ist die Gesamtzahl der Kündigungen von Einlagen mit Kündigungsfrist auf einen Termin nach dem 15. Aug. gestiegen — ohne daß es dabei stets auch zur Auszahlung gekommen ist —, und zwar um 103,7 % (vergl. Tab. 8). Die Kreditgenossenschaften haben aber auch vielfach in beträchtlichem Maße Beträge auf Einlagen mit Kündigungsfrist herausgezahlt, ohne auf Einhaltung der Kündigungsfrist zu bestehen. Interessant ist eine Beobachtung des mittelrheinischen Verbandes. Bei den Anlehen gegen Schuldscheine ist von den Inhabern der Schuldscheine fast gar kein Versuch gemacht worden, das Geld ohne Einhaltung der Kündigungsfrist zu erhalten, während die Spareinleger ohne Schuldschein mit Kündigungsfrist scharenweise erschienen, um ihre Einlagen sofort abzuheben (vergl. BlfG. 1914 S. 691).

Bei den Kündigungen von Darlehen, die in der Zeit vom 15. Juli bis 15. August auf einen späteren Termin ausgesprochen wurden, handelt es sich durchweg um größere Beträge. Der Durchschnittsbetrag jeder Kündigung war 1994 *M*.

Der Gesamtbetrag der Spareinlagen und Depositen betrug am 15. Juli rund 789 Mill. *M*, so daß die Abhebungen in der Zeit vom 15. Juli bis 15. August 21,28 % des Gesamtbestandes ausmachten.

Innerhalb der einzelnen Unterverbände stellt sich dieser Prozentsatz naturgemäß bald besser, bald schlechter.

Die Abhebungen bei den einzelnen Verbänden.

Das Gesamtbild kehrt wieder bei den einzelnen Unterverbänden. Auf einzelne Abweichungen, wie sie sich aus der Tabelle 8 ergeben, mag hier hingewiesen werden. Besonders stark gesteigerte Abhebungen beobachtet man bei dem Verband für Ostpreußen und Schlesien. Für Ostpreußen und Schlesien liegt der Grund für die verstärkte Abhebung in den politischen Verhältnissen. In Ostpreußen der Russeneinfall mit allen seinen wirtschaftlichen Schädigungen, bei Schlesien die Bedrohung dieser Provinz mit einem ähnlichen Einfall. Es zeigt sich denn auch, daß in Ostpreußen die Zahl der Genossenschaften, die über einen Sturm auf ihre Kassen zu berichten haben, am größten ist.

Das Verhältnis vom Gesamteinlagebestand am 15. Juli zu den Abhebungen innerhalb des Juli und August ist in den Verbänden verschieden (vergl. Tab. 9). Am günstigsten stellt es sich, wie die Tabelle ausweist, für den schlesischen Verband. Hier trotz der bedeutenden Steigerung der Gesamtabhebungen gegenüber dem Vorjahr. Günstig ist das Ergebnis weiter für den sächsischen Verband, den Verband für Starkenburg und Oberhessen und den Verband für Oberbaden.

Beachtenswert sind vor allem noch die Beobachtungen, die seitens der Unterverbände auf Grund von Einzelerhebungen gemacht wurden. Der mittelrheinische Verband weist nach, daß die Abhebungen in den größeren Städten verhältnismäßig stärker waren, als in den Landstädten (vergl. BlfG. S. 690, Jahrbuch 1914 S. 37). Eine gleiche Beobachtung macht der Verband hessischer Vorschußvereine (BlfG. 1915 S. 212), ebenso der Verband für Pommern (BlfG. 1915 S. 247, Jahrbuch 1914 S. 38).

Maßnahmen der Genossenschaften gegen die Abhebungen. Kassenstürme.

Trotz der verstärkten Abhebungen in den kritischen Tagen haben die Abhebungen nur in seltenen Fällen stürmische Form angenommen. Das Publikum hat sich in jeder Beziehung mustergültig benommen. Der Grund dafür war vor allem die unermüdliche Aufklärung, die seitens der Presse, der Behörden und der maßgebenden Organisationen schon seit längerer Zeit vorher auf Grund ähnlicher Vorkommnisse betrieben wurde. Beruhigend hat dann aber auch der Umstand gewirkt, daß seitens der Kreditinstitute zunächst fast ohne Beschränkung die zurückgeforderten Beträge ausgezahlt wurden und ausgezahlt werden konnten. Von den Genossenschaften können denn auch verhältnismäßig wenige von Kassen-

Abhebungen bei den einzelnen Verbänden 1914 gegen 1913.

Tabelle 8.

Verbände	Abhebungen (Spareinlagen, Depositen, Scheckgelder und Kontokorrentguthaben) vom 15. 7. 1914 bis 15. 8. 1914: täglich rückzahlbare Einlagen, Posten	ℳ	Einlagen mit Kündigungsfrist, Posten	ℳ	vom 15. 7. 1913 bis 15. 8. 1913: täglich rückzahlbare Einlagen, Posten	ℳ	Einlagen mit Kündigungsfrist, Posten	ℳ	Kündigungen in der Zeit vom 15. 7. 1914 bis 15. 8. 1914 auf spätere Termine, Posten	ℳ
Bayerischer Genossenschaftsverband	3 902	3 678 567	548	262 327	3 764	3 096 652	205	173 043	41	42 261
Verband der Kreditvereine zu Berlin	'7 995	5 516 832	4 129	1 007 357	7 487	5 932 287	1 365	563 645	834	1 317 147
der Fränkischen Vorschuß- und Kreditvereine	1 444	872 347	528	189 285	926	674 143	278	155 469	34	19 880
Hessischer Vorschuß- und Kreditvereine	8 437	4 411 217	2 327	608 858	6 787	3 858 157	1 161	455 494	23	197 446
der Kreditgenossenschaften der Lausitz und benachbarten Landesteile	7 712	5 864 725	2 185	553 676	6 957	4 924 326	799	344 349	95	120 442
der Erwerbs- und Wirtschaftsgenossenschaften im Reg.-Bez. Magdeburg usw.	6 389	4 755 265	3 550	943 236	5 226	3 846 289	630	1 736 503	243	370 728
der Erwerbs- und Wirtschaftsgenossenschaften am Mittelrhein	40 636	28 108 798	6 204	3 682 054	33 518	19 925 377	2 868	2 588 159	33	70 190
der Norddeutsch. Erwerbs- und Wirtschaftsgenossenschaften	4 126	2 746 599	2 619	512 224	3 226	2 202 726	1 216	402 010	91	110 728
der Vorschuß- und Kreditvereine von Nordwestdeutschland	13 330	21 154 364	2 339	776 383	12 050	20 685 786	880	461 872	58	126 227

Verband der Oberbadisch. Erwerbs- und Wirtschaftsgenossenschaften	3 116	1 748 780	1 581	458 012	2 364	1 420 798	756	440 863	39	209 109
der Ost- u. westpreußischen Erwerbs- u. Wirtschaftsgenossenschaften	16 983	9 056 751	6 833	2 399 103	10 075	8 173 937	2 608	2 231 270	413	1 752 140
Pfälzischer Erwerbs- und Wirtschaftsgenossenschaft	9 607	5 515 196	3 070	926 252	6 697	4 697 185	1 077	426 824	10	9 410
der Vorschuß- u. Kreditvereine von Pommern u. Brandenburg	5 699	5 797 494	2 001	828 670	4 622	4 250 162	933	619 149	160	407 855
der Deutschen Erwerbs- u. Wirtschaftsgenossenschaft. der Provinz Posen	2 776	2 488 179	3 251	1 173 631	2 179	2 233 146	1 304	917 338	113	419 510
der Kreditgenossenschaften von Rheinland, Westfalen, Lippe und Waldeck	5 818	3 891 718	1 098	392 575	5 752	3 809 743	537	363 003	45	177 003
der Vorschußvereine in der Provinz Sachsen und Herzogtum Anhalt	1 145	603 336	899	158 963	1 079	592 562	351	114 211	41	42 846
Sächsischer Erwerbs- und Wirtschaftsgenossenschaft.	3 273	5 345 735	1 855	751 939	2 811	4 201 040	786	527 985	176	313 375
d. Erwerbs- u. Wirtschaftsgenossenschaft. Schlesiens	12 002	6 056 722	6 768	1 526 980	7 569	4 688 928	2 586	966 467	711	784 262
d. Erwerbs- u. Wirtschaftsgenossenschaften der Prov. Starkenburg u. Oberhess.	1 867	826 867	2 099	445 748	1 384	657 466	1 092	376 207	47	25 095
Thüringischer Vorschußvereine	8 816	4 552 587	4 651	1 065 799	7 338	4 165 347	2 057	647 803	197	282 509
der Unterbadisch. Kreditgenossenschaften	23 526	16 976 365	4 783	1 698 064	23 049	16 055 664	2 230	1 071 193	103	173 524
der Kreditgenossenschaften von Westbrandenburg u. angrenzend. Landesteilen	7 281	6 768 821	2 930	1 033 506	5 619	5 443 261	1 446	580 702	110	246 133
	195 878	**146 737 265**	**66 248**	**21 394 642**	**160 479**	**125 534 982**	**27 165**	**16 163 559**	**3 617**	**7 217 816**

Tabelle 9.

Verminderung der Spareinlagen durch Abhebungen 1914.

Verbände	Summe der Auszahlungen vom 15. 7. bis 15. 8. 1914	Bestand der Spareinlagen einschließlich Depositen, Scheckgelder u. Kontokorrentguthaben am 15. Juli 1914	Abhebungen in % vom Gesamtbetrage der Spargelder
Bayerischer Genossenschaftsverband	3 940 894	12 241 211	32,27
Verband der Kreditvereine zu Berlin	6 524 189	26 712 899	24,42
" der Fränkischen Vorschuß- und Kreditvereine	1 061 632	7 886 295	13,46
" Hessischer Vorschuß- und Kreditvereine	5 020 075	30 076 791	16,69
" der Kreditgenossenschaften der Lausitz und benachbarten Landesteile	6 418 401	23 442 984	27,37
" der Erwerbs- und Wirtschaftsgenossenschaften im Reg.-Bez. Magdeburg usw.	5 698 501	39 061 411	14,58
" der Erwerbs- und Wirtschaftsgenossenschaften am Mittelrhein	31 790 852	94 412 663	33,67
" der Norddeutschen Erwerbs- und Wirtschaftsgenossenschaften	3 258 823	28 378 484	11,48
" der Vorschuß- und Kreditvereine von Nordwestdeutschland	21 930 747	41 704 779	52,58
" der Oberbadischen Erwerbs- und Wirtschaftsgenossenschaften	2 206 792	22 846 637	9,65
" der Ost- und westpreußischen Erwerbs- und Wirtschaftsgenossenschaften	11 455 854	81 297 052	14,09
" Pfälzischer Erwerbs- und Wirtschaftsgenossenschaften	6 441 448	39 952 184	16,12
" der Vorschuß- und Kreditvereine von Pommern und Brandenburg	6 626 164	28 694 697	23,07
" der Deutschen Erwerbs- und Wirtschaftsgenossenschaften der Provinz Posen	3 661 810	24 738 503	14,80
" der Kreditgenossenschaften von Rheinland, Westfalen, Lippe und Waldeck	4 284 293	22 698 520	18,87
" der Vorschußvereine in der Provinz Sachsen und Herzogtum Anhalt	762 299	9 861 091	7,73
" Sächsischer Erwerbs- und Wirtschaftsgenossenschaften	6 097 674	20 874 647	24,42
" der Erwerbs- und Wirtschaftsgenossenschaften Schlesiens	6 583 702	68 342 164	0,96
" der Erwerbs- und Wirtschaftsgenossenschaften der Provinz Starkenburg u. Oberhessen	1 272 615	15 454 675	8,23
" Thüringischer Vorschußvereine	5 618 386	37 129 331	15,13
" der Unterbadischen Kreditgenossenschaften	18 674 429	80 520 724	23,19
" der Kreditgenossenschaften von Westbrandenburg und angrenzenden Landesteilen	7 802 327	33 353 495	23,39
	168 131 907	**789 681 237**	**21,28**

stürmen berichten. Von den 598 berichtenden Genossenschaften melden 108 das Vorkommen von Kassenstürmen. 25 dieser Genossenschaften gehören zum ostpreußischen Verband (von 57 berichtenden), 13 zum schlesischen Verband (von 54 berichtenden). In den Verbänden für Franken, Nordwestdeutschland, Provinz Sachsen meldet keine Genossenschaft das Vorkommen eines Kassensturms. Alle Genossenschaften, bei denen solche Stürme vorgekommen sind, führen die Abhebungen auf die Angst zurück, daß eine allgemeine Zahlungssperre folgen würde. Eine Genossenschaft gibt als Grund einen Streik an, zwei Genossenschaften den Zusammenbruch einer großen Bank.

Wenn auch, wie diese Zahlen zeigen, die so gefürchteten Kassenstürme nur in geringem Maße vorgekommen sind, so sind doch die Zahlen der Abhebungen, vor allem der Prozentsatz der Abhebungen zu der Gesamtsumme der Spareinlagen doch so bedeutend, daß Gegenmaßregeln gegenüber zu starken Abhebungen seitens der Genossenschaften wohl verständlich sind. Abhebungsansprüche seitens der Einleger wurden aber nicht nur erhoben, soweit es sich um täglich fällige Gelder handelte, vielmehr auch dann, wenn eine vorherige Kündigung notwendig gewesen wäre.

Trotz der Höhe der Ansprüche haben von 566 berichtenden Genossenschaften 274 von der Einführung einer Beschränkung absehen können. Ganz ohne Beschränkung sind z. B. die 17 berichtenden Genossenschaften des fränkischen Verbandes ausgekommen. Am häufigsten begegnen wir naturgemäß Beschränkungen bei den Genossenschaften der Verbände, in denen die Ansprüche besonders gesteigert waren, wie z. B. bei dem ostpreußischen und schlesischen Verband. Beschränkungen waren eingeführt bei 292 Genossenschaften.

Die Beschränkungen sind verschiedener Art. Bei täglichen Geldern hatten von diesen 292 Kreditgenossenschaften 101 Beschränkungen ein geführt. Die Beschränkungen bestanden hier durchweg darin, daß nur Teilbeträge zur Auszahlung kamen. Doch wurde, wie die Kreditgenossenschaften alle betonen, stets darauf geachtet, daß Härten vermieden wurden. Wo also der Nachweis erbracht wurde, daß die fraglichen Gelder unbedingt benötigt wurden, ist auch von diesen Beschränkungen in der Regel Abstand genommen worden. Man wollte mit diesen Maßnahmen vor allem Angstabhebungen vorbeugen.

Nur drei Genossenschaften haben bei der Auszahlung täglich fälliger Gelder Fristen gestellt und gleichzeitig Teilbeträge festgelegt.

Den Hauptanteil an der Zahl von 101 Genossenschaften mit Beschränkungen auf tägliche Gelder stellt der Verband der Kreditgenossenschaften in Ost- und Westpreußen mit 31 Genossenschaften. Im Verband in Posen waren es 10 Genossenschaften, die nur Teilbeträge auf tägliche Gelder auszahlten (im übrigen vergl. Tab. 10).

Bei Einlagen von Kündigungsgeldern war von den Genossenschaften durchweg in Friedenszeiten von der Einhaltung der Kündigungsfristen abgesehen worden. Die besonderen Verhältnisse des Krieges zwangen viele Genossenschaften, die sofortige Auszahlung nur in Teilbeträgen vorzunehmen, im übrigen auf die Einhaltung der Kündigungsfrist zu verweisen. Manche Genossenschaft zahlte nur Beträge unter 20 *M* sofort aus. Bei anderen wiederum wurden sogar Beträge bis 3000 *M* sofort ohne Einhaltung einer Kündigungsfrist ausgezahlt. Einzelne Genossenschaften (2) beschränkten die Auszahlung der Kündigungsgelder auf 10 % der Einlage. Eine Genossenschaft verlängerte die Kündigungsfrist, eine Genossenschaft berechnete $1^1/_2$ % Provision bei Beträgen über 100 *M*, eine bei solchen über 1000 *M*, eine andere wieder ließ sich überhaupt 1—2 % Provision bei sofortiger Auszahlung zahlen.

Auch hier sind es wieder die Genossenschaften in Ostpreußen und Schlesien, die besonders derartige Beschränkungen eingeführt hatten (vergl. Tab. 10). In Ostpreußen hatten nur 14 Genossenschaften gegenüber 48 Genossenschaften keine Beschränkungen. Eine Genossenschaft in Ostpreußen verweigerte die Auszahlung von Kündigungsgeldern überhaupt.

Die Beschränkungen auf Teilbeträge haben, wie bereits oben ausgeführt, dazu geführt, daß die Höhe der Gesamtabhebungen zurückgegangen ist, während die Zahl der Abhebungen noch stieg.

Vereinzelt sind die Genossenschaften bei der Einführung solcher Beschränkungen nicht allein vorgegangen, sondern haben Verabredungen mit anderen Kreditgenossenschaften oder Sparkassen am Orte getroffen.

Von 46 Genossenschaften werden solche Verabredungen gemeldet. Daß es nicht mehr sind, liegt daran, daß die Kreditgenossenschaften vielfach das einzige Kreditinstitut am Platze waren, zum andern aber wohl in der starken Konkurrenz solcher Institute untereinander, die sie auch in diesen Tagen nicht zusammengehen ließ. Dabei ist die Einheitlichkeit des Vorgehens aller Kreditinstitute an einem Platze von höchster Wichtigkeit für die Beruhigung des Publikums.

Dauer dieser Maßnahmen.

Zahlreiche Genossenschaften haben derartige Beschränkungen schon am 30. Juli 1914 eingeführt. Vereinzelte auch schon am 28. Juli. Die überwiegende Zahl jedoch ist erst am 1. August zu derartigen

Beschränkungen bei der Auszahlung von Einlagen 1914.

Tabelle 10.

Verbände	Es haben ausgezahlt Genossenschaften: alle Beträge	Es haben ausgezahlt Genossenschaften: mit Beschränkungen	In Teilbeträgen wurden ausgezahlt: Kündigungsgelder in Summen von ℳ	In Teilbeträgen wurden ausgezahlt: tägliche Gelder bei Genossenschaften	Durchschnittliche Dauer der Beschränkungen bei Genossenschaften (= G.): G.	vom ... bis	G.	vom ... bis	G.	vom ... bis
Bayerischer Genossenschaftsverband	6	2	20— 300	1	2	1. 8. 8. 8.	—	—	—	—
Verband der Kreditvereine zu Berlin	11	7	50— 500	—	1	1. 8. 31. 8.	3	unbekannt	—	—
" der Fränkischen Vorschuß- und Kreditvereine	17	—	—	—	—	—	—	—	—	—
" Hessischer Vorschuß- und Kreditvereine	7	11	50— 300	4	3	30. 7. 15. 8.	2	1. 8. jetzt	—	—
" der Kreditgen. d. Lausitz u. benachb. Landesteile	4	10	50— 500	4	4	30. 7. 1. 9.	—	—	—	—
" d. Erw.- u. Wirtsch. i. Reg.-Bez. Magdeburg usw.	18	18	50—1000	3	9	1. 8. 8. 8.	—	—	—	—
" der Erwerbs- u. Wirtschaftsgenoss. a. Mittelrhein	17	24	50— 500	17	7	1. 8. 31. 8.	1	1. 8. 31. 10.	1	1. 8. jetzt
" der Norddeutsch. Erwerbs- u. Wirtschaftsgenoss.	15	15	20— 300	—	8	1. 8. 31. 8.	1	1. 8. 31. 10.	3	1. 8. "
" der Vorsch.- u. Kreditvereine v. Nordwestdeutschl.	21	7	50— 500	—	1	1. 8. 15. 9.	1	1. 8. 1. 12.	1	1. 8. "
" der Oberbad. Erwerbs- u. Wirtschaftsgenossensch.	12	12	100— 500	2	6	31. 7. 3. 9.	—	—	—	—
" der Ost- u. westpreuß. Erw.- u. Wirtschaftsgenoss.	14	48	20—3000	31	10	1. 8. 31. 8.	1	1. 8. 31. 10.	1	1. 8. 31. 12.
" Pfälzischer Erwerbs- u. Wirtschaftsgenossensch.	9	12	20— 200	4	2	1. 8. 31. 8.	—	—	—	—
" d. Vorschuß- u. Kreditv. v. Pomm. u. Brandenb.	20	10	50— 500	2	7	30. 7. 22. 8.	—	—	—	—
" d. Deutsch. Erw.- u. Wirtschaftsg. d. Prov. Posen	9	20	50— 300	10	4	31. 7. 31. 8.	2	1. 8. jetzt	—	—
" der Kreditgenossenschaften von Rheinland, Westfalen, Lippe und Waldeck	8	6	200— 500	2	3	31. 7. 15. 8.	—	—	—	—
" d. Vorschußv. i. d. Pr. Sachsen u. Herzogt. Anhalt	12	8	100— 300	—	3	1. 8. 31. 8.	—	—	—	—
" Sächsischer Erwerbs- u. Wirtschaftsgenossensch.	10	7	30— 100	1	4	28. 7. 1. 9.	—	—	—	—
" der Erwerbs- u. Wirtschaftsgenoss. Schlesiens	22	32	50—1000	6	19	1. 8. 31. 8.	1	1. 8. 31. 1.	2	1. 8. jetzt
" d. Erw.- u. Wirtsch. d. Pr. Starkenb. u. Oberhess.	7	11	25— 300	1	8	1. 8. 31. 8.	1	1. 8. 15. 9.	1	1. 8. 1. 10.
" Thüringischer Vorschußvereine	29	24	20—1000	8	13	1. 8. 31. 8.	2	1. 8. jetzt	—	—
" der Unterbadischen Kreditgenossenschaften	15	28	20— 300	9	17	1. 8. 31. 8.	1	1. 8. 30. 9.	1	1. 8. 31. 10.
" d. Kreditgen. v. Westbrandenb. u. angr. Landest.	7	7	50— 300	3	3	1. 8. 18. 9.	—	—	—	—
Keinem Unter-Verband	4	3	20— 300	1	2	31. 7. 4. 8.	—	—	—	—
	274	292	—	99	—	—	—	—	—	—

Maßnahmen geschritten. Von 147 der berichtenden Kreditgenossenschaften ist auch bekannt, wann die Beschränkungen wieder aufgehoben wurden. Sie erstreckte sich bei 123 Genossenschaften nicht über den August und auch hier überwiegend nicht über die erste Hälfte desselben. Im September wurde bei weiteren 16 Genossenschaften die Beschränkung aufgehoben, bei 5 Genossenschaften Ende Oktober. Bei 13 Genossenschaften bestanden die Beschränkungen noch am 1. November 1915 (vergl. Tab. 10).

Die durchweg kurze Dauer der Beschränkungen beweist, daß auch diejenigen Genossenschaften, die geglaubt haben, solche Beschränkungen notwendig zu haben, und die sie in den ersten Tagen vielleicht auch notwendig gehabt haben, sehr bald wieder davon abgehen konnten. Vielfach waren die Beschränkungen auch schon vor der formellen Aufhebung durch die Genossenschaften durch Nichtanwendung außer Gebrauch gesetzt. Günstig für die Beruhigung des Publikums war wohl auch der Umstand, daß der 2. August ein Sonntag war.

Die Verwertung der abgehobenen Gelder.

Richtig ist, daß ein großer Teil der Abhebungen sich als Angstabhebungen darstellte, in der Befürchtung gelegen, eine allgemeine Zahlungssperrung möchte kommen. Vielfach mag auch die Idee, daß die Gelder der Genossenschaft einer feindlichen Beschlagnahme ausgesetzt seien, zu den Angstabhebungen geführt haben. Hand in Hand mit dieser Angstabhebung ging die Befürchtung vor einem Eindringen des Feindes. Man suchte für diese Fälle vor allen Dingen einen Notgroschen in die Hand zu bekommen. Neben diesen Fällen gehen aber auch die zahlreichen Abhebungen, bei denen das Geld wirtschaftlichen oder geschäftlichen Zwecken dienen sollte. Verständlich ist es, daß infolge des Kriegsausbruches zahlreiche Geschäftsbeziehungen ihre Abwickelung fanden, zu denen diese Gelder benötigt wurden. Daß auch die wirtschaftlichen Zwecke erhebliche Abhebungen erforderten, wird verständlich, wenn man bedenkt, in welchem Umfange zu Beginn des Krieges Einkäufe von Lebensmitteln auf Vorrat stattgefunden haben. So berichten die Kreditgenossenschaften übereinstimmend, daß die abgehobenen Gelder „teils als Notgroschen, teils zu wirtschaftlichen und geschäftlichen Zwecken Verwendung gefunden haben".

Einzelne Genossenschaften wiesen auch darauf hin, daß in den ersten Tagen beträchtliche Beträge für die Ausrüstung der Einberufenen verwandt worden sind. Auch für die Kriegsanleihen sind später den Genossenschaften erhebliche Bestände der Spareinlagen entzogen worden.

Von den 566 berichtenden Genossenschaften wissen 33 Genossenschaften einzelne Fälle anzugeben, daß die fraglichen Gelder der Genossenschaft entzogen worden sind, um sie bei anderen Kreditinstituten, wie z. B. Sparkassen, Großbanken, anzulegen. Welche Gründe zu diesen Maßnahmen verleitet haben, ob Mangel an Vertrauen gegenüber dem Kreditinstitut oder Entnahme mit Rücksicht auf einen drohenden feindlichen Einfall in fraglichen Bezirken, ergibt die Statistik nicht. Immerhin sind diese Fälle doch nur ganz verschwindend gering, ein Zeichen, welches Vertrauen die Kreditgenossenschaften genießen. 78 Genossenschaften weisen Fälle nach, daß die abgehobenen Gelder ihnen nach einigen Tagen wieder zugeflossen sind, vielfach noch in denselben Scheinen, in denen sie ausgezahlt worden waren.

Wie schafften sich die Genossenschaften Mittel zur Befriedigung ihrer Gläubiger?

Beachtenswert ist, daß, so stark die Ansprüche auch waren, die an die Genossenschaften gestellt wurden, sie trotzdem zum überwiegenden Teil imstande waren, ohne Inanspruchnahme von Kredit diesen gerecht zu werden. Von 611 darüber berichtenden Genossenschaften haben 393 keinen Kredit in Anspruch zu nehmen brauchen. Alle diese Genossenschaften waren derartig liquide, daß sie auch gegenüber den stärkeren Ansprüchen in der Lage waren, diese aus ihren Kassenbeständen einschließlich der verfügbaren Bankguthaben und Primadiskonten zu befriedigen. Hierbei bleibt zu beachten, daß die Banken, bei denen die Genossenschaften Bankguthaben hatten, vielfach in der liberalsten Weise den Genossenschaften die Verfügung über die Beträge zugestanden haben. Die Vereine hatten vielfach einen Teil der Ultimogelder bereits für den August zugesagt, sodaß ihnen darüber eine Verfügungsberechtigung erst Ende August zustand. Über einen anderen Teil der Ultimogelder war eine Vereinbarung noch nicht getroffen, sie hätten also zur freien Verfügung der Gläubiger stehen müssen. Nach Ansicht der Banken trat die Fälligkeit dieser Guthaben aber Ende Juli nicht ein, weil die Gegenausleihungen an der Börse per Ende Juli 1914 auch nicht fällig wurden, da durch die Börsenvorstände die zwangsweise Verschiebung der Ultimoliquidation auf Ende August beschlossen wurde. Die Genossenschaftsabteilung der Dresdner Bank in Frankfurt a. M. z. B. hat davon Abstand genommen, gegenüber den Genossenschaften von diesem Recht Gebrauch zu machen, und hat in weitem Maße den Genossenschaften die Verfügung auch über diese Ultimogelder zugestanden. In allen Verbänden vermochte die überwiegende Mehrzahl der berichtenden Genossenschaften aus eigenen Mitteln den Ansprüchen der Gläubiger zu genügen. Selbst im schlesischen Verband lösten 38 von 54 berichtenden Genossenschaften ihre Aufgabe aus eigenen Kräften Die ostpreußischen Genossenschaften benötigten den besonders starken Ansprüchen ihrer Gläubiger gegenüber zum überwiegenden Teil fremden Kredits (43 von 60 berichtenden). Auch im Verband pfälzischer Genossenschaften und im Berliner Verband überwog die Zahl der Kreditgenossenschaften, die Kredit in Anspruch nehmen mußten. Besonders stark macht sich dies beim Berliner Verband bemerkbar. Nur 4 von 18 berichtenden Genossenschaften kamen ohne Kredit aus.

Die kreditgebenden Institute waren vorweg die Reichsbank und die Dresdner Bank. Es ist kein Fall bekannt geworden, daß durch diese beiden Institute berechtigte Kreditansprüche nicht befriedigt worden sind. Nur wo offenbare Angstkredite vorlagen, hat man mit Recht solche verweigert. Der aus Vertretern der Schulze-Delitzsch'schen Genossenschaftsverbände zusammengesetzte Beirat der Dresdner Bank hat dies anerkannt. „Der genossenschaftliche Beirat der Dresdner Bank spricht derselben seinen Dank aus für die hervorragende Hilfe, die sie den Kreditgenossenschaften des Allgemeinen Verbandes beim Kriegsausbruch und der weiteren Dauer des Krieges geleistet hat. Er billigt das damals eingehaltene Verfahren und erkennt an, daß durch dasselbe allen berechtigten Kreditansprüchen der Genossenschaften Rechnung getragen wurde". (Vergl. Crüger „Die deutschen Genossenschaften während des Krieges" in Conrads Jahrbüchern 1915, Sonderabdruck S. 35.)

Vereinzelt, bei 50 Genossenschaften, haben auch andere Kreditinstitute ausgeholfen.

Die Einzahlungen während der ersten Kriegstage.

Gegenüber den starken Abhebungen, die während der ersten kritischen Tage stattfanden, haben die Einzahlungen nicht gänzlich gestockt, wenn sie auch gegenüber dem Vorjahre einen starken Rückgang zu verzeichnen hatten.

Die Kreditgenossenschaften konnten daher erhebliche Ansprüche ihrer Gläubiger auch aus den ihnen neu zufließenden Einzahlungen leisten, wie denn auch zahlreiche abgehobene Beträge ihnen nach kurzer Zeit wieder zugeflossen sind.

Auch die Einzahlungen haben eine lebhafte Bewegungskurve (vergl. Tab. 11 und 12), wenn auch nicht so stürmisch wie die Kurve der Abhebungen. Der Rückgang gegenüber dem Vorjahre bei den Einzahlungen setzt ein mit dem 27. Juli und hält sich von da an, unter besonders starker Abweichung gegenüber dem Vorjahr vom 1. bis 8. August, durchweg bis 15. August hinter den Einzahlungen des Vorjahres. Die kritischen Tage der erhöhten Abhebungen fallen also hier zusammen mit dem Rückgang bei den Einzahlungen.

Eine eigenartige Erscheinung bildet übrigens der 31. Juli. An diesem Tage geht die Summe der Einzahlungen weit über die Summe der Einzahlungen des Vorjahres hinaus, obwohl die Zahl der Einzahlungen gegenüber dem Vorjahr zurückbleibt. Dem Tag mit der stärksten Abhebungssumme steht also ein Tag mit der größten Einzahlungssumme gegenüber. Die Gründe für diese Erscheinung sind schwer zu sagen. Sie mögen darauf zurückzuführen sein, daß der Krieg eine besonders verstärkte Abwickelung der Monatsabrechnungen sowie aller sonstigen schwebenden Verbindlichkeiten gebracht hat, so daß naturgemäß dem starken Abfluß von Geldern auf der einen Seite ein starker Zufluß auf der anderen Seite entsprach. Die Gelder sind also in diesen Tagen besonders lebhaft hin und her geschoben worden.

Beachtenswert ist, daß z. B. die Einlagen mit Kündigungsfristen gegenüber dem Vorjahr recht erheblich zurückgegangen sind. Es zeigt dies die Tendenz der Einleger, sich möglichst wenig zu binden. Gefördert wurde diese Tendenz noch dadurch, daß teilweise von seiten anderer Kreditinstitute für tägliches Geld 4% Zins vergütet wurde. (Crüger, Conrads Jahrbücher S. 29.) Diese Erscheinung kann aber für die Genossenschaften Bedenken haben, vor allem in schwierigen Zeiten, wie die ersten Kriegstage, da die kurzfristigen Gelder immer besondere Ansprüche an die Liquidität der Genossenschaften stellen.

Die Höhe der durchschnittlichen Einzahlungen ergibt, daß bei den Einzahlungen in den kritischen Tagen solche der kleineren Beträge fehlen.

Das Bild verschiebt sich innerhalb der Unterverbände nur wenig (vergl. Tab. 13). Auf einige Besonderheiten mag dabei hingewiesen werden. Bei den Kreditgenossenschaften im Reg.-Bez. Magdeburg, Herzogtum Braunschweig und in der Provinz Hannover geht die Zahl der Einleger täglich fälliger Gelder gegenüber dem Vorjahre zurück. Die Summe der Einzahlungen übersteigt aber recht erheblich diejenige des Vorjahres:

1913 . . .	4840	Einleger	mit	3,5	Millionen *M*,
1914 . . .	3721	„	„	3,8	„ „ .

Tabelle 11.

Zahl der Einzahlungen 1913, 1914.

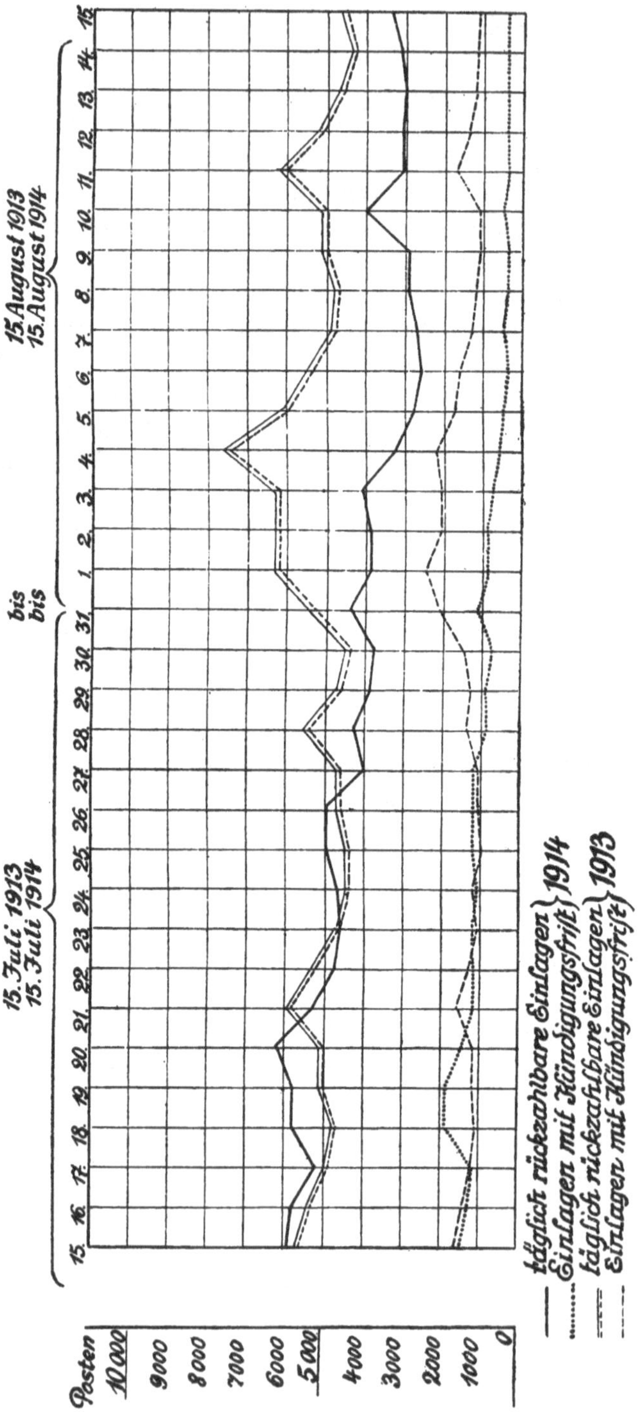

Tabelle 12.

Einzahlungen in der Zeit vom 15. Juli bis 15. August 1914.

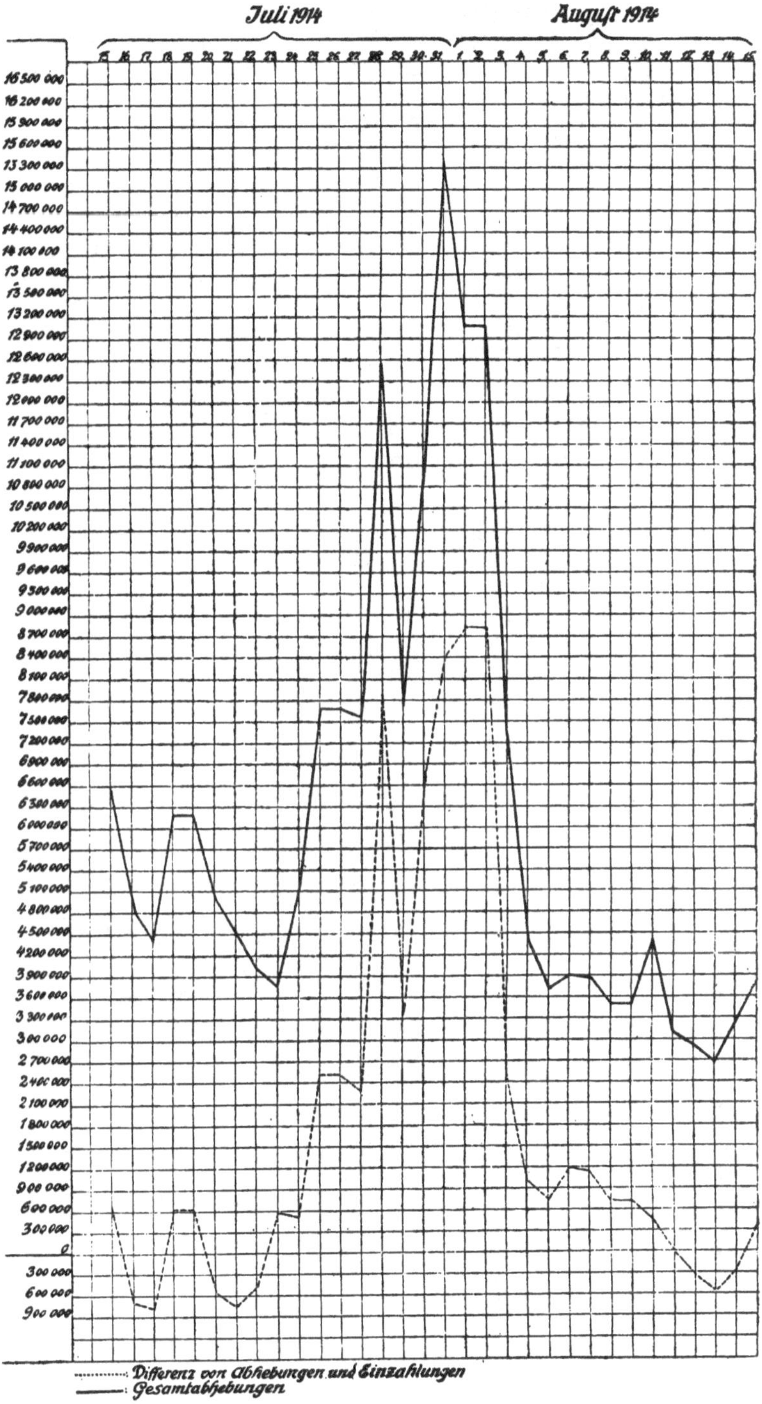

Einzahlungen bei den einzelnen Verbänden, 1914 gegen 1913.

Tabelle 13.

Verbände	Einzahlungen (Spareinlagen, Depositen, Scheckgelder und Kontokorrentguthaben) vom 15. 7. 1914 bis 15. 8. 1914: täglich rückzahlbare Einlagen		Einlagen mit Kündigungsfrist		vom 15. 7. 1913 bis 15. 8. 1913: täglich rückzahlbare Einlagen		Einlagen mit Kündigungsfrist	
	Posten	M	Posten	M	Posten	M	Posten	M
Bayerischer Genossenschaftsverband	2 657	2 752 105	259	132 706	3 375	3 144 103	332	179 597
Verband der Kreditvereine zu Berlin	3 956	3 938 076	768	230 060	5 600	5 931 066	1 670	508 014
der Fränkischen Vorschuß- und Kreditvereine	800	550 962	290	154 742	952	633 042	454	168 917
Hessischer Vorschuß- und Kreditvereine	4 192	2 908 754	1 149	428 882	5 921	3 427 798	1 891	528 419
der Kreditgen. d. Lausitz u. benachb. Landesteile	5 440	4 734 537	775	344 557	6 918	5 128 580	1 252	369 532
d. Erw.- u. Wirtsch i. Reg.-Bez. Magdeburg usw.	3 721	3 865 421	1 305	493 616	4 840	3 518 066	2 528	846 093
der Erwerbs- u. Wirtschaftsgenoss a. Mittelrhein	18 937	5 883 548	3 299	2 590 482	24 659	17 173 053	3 873	2 547 454
der Norddeutsch Erwerbs- u. Wirtschaftsgenoss.	2 054	2 872 445	1 296	315 010	2 573	2 348 776	2 526	469 872
der Vorsch.- u. Kreditvereine v. Nordwestdeutschl.	21 183	22 186 382	1 252	465 738	21 251	21 013 772	1 987	704 559
der Oberbad. Erwerbs- u. Wirtschaftsgenossensch.	1 941	1 427 813	696	305 379	2 324	1 541 413	1 150	436 647
der Ost- u. westpreuß. Erw.- u. Wirtschaftsgenoss.	5 970	6 395 413	1 681	1 254 593	9 252	7 857 327	3 025	2 213 464
Pfälzischer Erwerbs- u. Wirtschaftsgenossensch.	5 076	3 631 227	1 098	451 191	5 942	4 069 975	1 433	550 902
d. Vorschuß- u. Kreditv. v. Pomm. u. Brandenb.	3 287	4 111 786	813	566 661	4 075	4 622 051	1 546	762 135
d. Deutsch. Erw.- u. Wirtschaftsg. d. Prov. Posen	1 407	1 824 796	835	547 188	2 116	2 260 000	1 478	813 017
der Kreditgenossenschaften von Rheinland, Westfalen, Lippe und Waldeck	3 139	2 826 335	405	166 142	4 149	3 674 127	590	290 255
d. Vorschußv. i. d. Pr. Sachsen u. Herzogt. Anhalt	600	433 746	360	99 573	804	629 019	632	138 449
Sächsischer Erwerbs- u. Wirtschaftsgenossensch.	1 730	4 915 125	932	540 391	2 663	4 258 569	1 473	481 391
der Erwerbs- u. Wirtschaftsgenoss. Schlesiens	5 540	5 489 923	2 660	855 502	7 704	5 339 046	4 741	1 128 098
der Erwerbs- und Wirtschaftsgenossenschaften der Provinz Starkenburg und Oberhessen	1 084	609 452	716	213 165	1 262	602 857	1 256	271 300
Thüringischer Vorschußvereine	5 113	3 188 853	1 886	493 380	6 561	3 921 519	3 054	665 644
der Unterbadischen Kreditgenossenschaften	14 114	11 960 643	1 815	748 369	12 034	15 208 907	3 139	1 109 257
d. Kreditgen. v. Westbrandenb. u. angr. Landest.	4 192	5 202 033	1 180	464 460	5 062	5 761 773	2 314	797 324
	116 133	**101 709 375**	**25 470**	**11 861 787**	**147 037**	**122 064 839**	**42 344**	**15 980 340**

Die gleiche Erscheinung ist beim Verband für Nordwestdeutschland

1913 . . .	21 251	Einleger mit	21	Millionen *M*,	
1914 . . .	21 183	„ „	22,1	„	

ebenso im Verband Sächsischer Kreditgenossenschaften

1913 .	2 663	Einleger mit	4,2	Millionen *M*,	
1914 .	1 730	„ „	4,9	„	

Ähnlich in Schlesien

1913 . .	7 704	Einleger mit	5,3	Millionen *M*,	
1914 . . .	5 540	„ „	5,4	„	„ .

Alle diese Zahlen beweisen besonders klar, wie die Zahl der kleinen Einleger zurückgegangen ist.

Vergleicht man den Zu- und Abfluß von Geldern an den einzelnen Tagen, so zeigt sich, daß die tatsächliche Abnahme an Betriebsmitteln in der Zeit vom 15. Juli bis 15. August doch nicht so stark war, als die verhältnismäßig hohen Ziffern der Abhebungen vielfach glauben lassen. Wir haben gesagt, daß der Gesamtabfluß sich in der Zeit vom 15. Juli bis 15. August auf 21,28 % des Gesamtbestandes der Spargelder stellte. Der Zufluß betrug aber in der gleichen Zeit 113 327 202 *M*, so daß im ganzen ein Abstrom von 54 804 645 *M* zu verzeichnen ist. Das bedeutet aber einen Rückgang von nur 6,90 % des gesamten Spareinlagenkapitals. (Über den Abfluß in den einzelnen Tagen vergl. Tab. 14 und 14a.) Damit sind natürlich noch nicht die Schwierigkeiten behoben, die sich aus einem mangelnden Geldausgleich ergeben, so daß der Prozentsatz sich in den einzelnen Genossenschaften und Unterverbänden wohl anders gestalten kann (vergl. Tab. 15).

Der Oberbadische Verband verzeichnet z. B. einen Zuwachs. Besonders günstig stehen der Schlesische Verband und der Norddeutsche Verband da, ersterer trotz der gegenüber dem Vorjahr stark gesteigerten Abhebungen.

Die Zahlen des Vorjahrs ergibt Tabelle 15a. Danach betrug im Jahre 1913 in der gleichen Zeit die Höhe der Abhebungen 141 698 541, die Höhe der Einzahlungen 138 045 179 *M*. Das bedeutet einen Abfluß von 3 653 363 *M* vom Gesamtsparbestand in den einzelnen Verbänden (vergl. Tab. 15a).

Gründe der Einzahlungen.

Es ist schon oben versucht worden, die Gründe für die Einzahlungen am 31. Juli zu erfassen. Durchweg wird man auch für die übrigen Tage die Einzahlungen auf den gewöhnlichen Verkehr zurückführen müssen. In vielen Fällen werden allerdings auch die Einzahlungen

Tabelle 14.

Zu- und Abfluß der Spareinlagen, Depositen usw. bei den berichtenden Genossenschaften 1913, 1914.

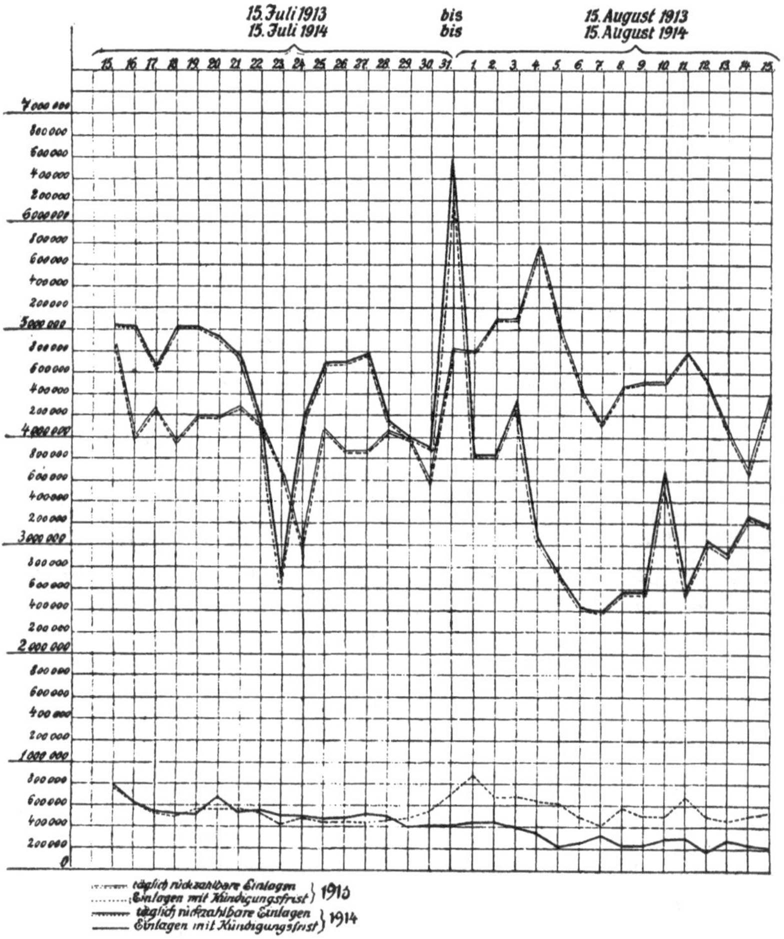

Tabelle 14a.

Abfluß bezw. Zufluß der Spareinlagen, Depositen usw. bei den berichtenden Genossenschaften, 1914.

Datum	Abhebungen 15. 7. bis 15. 8. 1914 ℳ	Einzahlungen 15. 7. bis 15. 8. 1914 ℳ	Differenz ℳ	
15. Juli	6 531 037	5 831 588	—	691 449
16.	4 913 033	5 644 357	+	731 324
17.	4 417 301	5 194 177	+	776 876
18.	6 186 287	5 542 106	—	644 181
19.	200 708	173 265	—	27 443
20.	5 056 483	5 607 807	+	551 324
21.	4 536 550	5 301 473	+	764 923
22.	4 116 635	4 603 950	+	487 315
23.	3 774 337	3 201 845	—	572 492
24.	5 181 032	4 671 644	—	509 388
25.	7 699 885	5 176 935	—	2 522 950
26.	293 449	227 995	—	65 454
27.	7 577 817	5 296 096	—	2 281 721
28.	12 551 624	4 670 894	—	7 880 730
29.	7 764 100	4 406 353	—	3 357 747
30.	11 003 775	4 307 114	—	6 696 661
31. "	15 352 672	6 943 824	—	8 408 848
1. August	13 099 640	4 286 792	—	8 812 848
2. "	418 612	337 923	—	80 689
3. "	7 311 846	4 750 878	—	2 560 969
4.	4 408 935	3 407 821	—	1 001 114
5.	3 734 793	2 965 001	—	769 792
6.	3 901 989	2 705 616	—	1 196 373
7.	3 886 223	3 731 502	—	1 154 721
8.	3 529 237	2 816 493	—	712 744
9.	144 484	167 462	+	22 978
10.	4 422 559	3 978 741	—	443 818
11.	3 102 604	3 101 645	—	959
12.	2 907 249	3 227 691	+	320 442
13.	2 666 689	3 228 916	+	562 227
14.	3 241 356	3 523 965	+	282 609
15.	3 844 153	3 433 838	—	410 315

Tabelle 15.

Veränderungen im Bestand der Einlagen bei den einzelnen Verbänden in der Zeit vom 15. 7. bis 15. 8. 1914.

Verbände	Summe der Abhebungen vom 15. 7. bis 15. 8. 1914	Summe der Einzahlungen vom 15. 7. bis 15. 8. 1914	Rückgang bezw. Zugang	Bestand der Spareinlagen einschließlich Depositen, Scheckgelder und Kontokorrentguthaben am 15. 7. 1914	Rückgang bezw. Zugang in % vom Gesamtbetrage der Einlagen
Bayerischer Genossenschaftsverband	3 940 894	2 884 811	— 1 056 083	12 241 211	— 8,62
Verband der Kreditvereine zu Berlin	6 524 189	4 168 136	— 2 356 053	26 712 899	— 8,81
" der Fränkischen Vorschuß- und Kreditvereine	1 061 632	705 704	— 355 928	7 886 295	— 4,51
" Hessischer Vorschuß- und Kreditvereine	5 020 075	3 337 636	— 1 682 439	30 076 791	— 5,59
" der Kreditgenossenschaften der Lausitz u. benachb. Landesteile	6 418 401	5 079 094	— 1 339 307	23 442 984	— 5,71
" der Erwerbs- u. Wirtschaftsgen. i. Reg.-Bez. Magdeburg usw.	5 698 501	4 359 037	— 1 339 464	39 061 411	— 3,40
" der Erwerbs- u. Wirtschaftsgenossenschaften am Mittelrhein	31 790 852	8 474 030	— 23 316 822	94 412 663	— 24,69
" der Norddeutschen Erwerbs- und Wirtschaftsgenossenschaften	3 258 823	3 187 455	— 71 368	28 378 484	— 0,25
" der Vorschuß- und Kreditvereine von Nordwestdeutschland	21 930 747	22 652 120	+ 721 373	41 704 779	+ 1,72
" der Oberbadischen Erwerbs- und Wirtschaftsgenossenschaften	2 206 792	1 733 192	— 473 600	22 846 637	— 2,07
" der Ost- u. westpreuß. Erwerbs- u. Wirtschaftsgenossenschaft.	11 455 854	7 650 006	— 3 805 848	81 297 052	— 4,68
" Pfälzischer Erwerbs- und Wirtschaftsgeuossenschaften	6 441 448	4 082 418	— 2 359 030	39 952 184	— 5,97
" der Vorschuß- u. Kreditvereine v. Pommern u. Brandenburg	6 626 164	4 678 447	— 1 947 717	28 694 697	— 6,78
" der Deutsch. Erwerbs- u. Wirtschaftsgenoss. d. Prov. Posen	3 661 810	2 371 984	— 1 289 826	24 738 503	— 5,21
" der Kreditgenoss. v. Rheinland, Westfalen, Lippe u. Waldeck	4 284 293	2 992 477	— 1 291 816	22 698 520	— 5,67
" der Vorschußvereine i. d. Prov. Sachsen u. Herzogt. Anhalt	762 299	533 319	— 228 980	9 861 091	— 2,32
" Sächsischer Erwerbs- und Wirtschaftsgenossenschaften	6 097 674	5 455 516	— 642 158	20 874 647	— 3,07
" der Erwerbs- und Wirtschaftsgenossenschaften Schlesiens	6 583 702	6 345 425	— 238 277	68 342 164	— 0,34
" d. Erw.- u. Wirtschaftsg. d. Prov. Starkenburg u. Oberhess.	1 272 615	822 617	— 449 998	15 454 675	— 2,91
" Thüringischer Vorschußvereine	5 618 386	3 682 233	— 1 936 153	37 129 331	— 5,21
" der Unterbadischen Kreditgenossenschaften	18 674 429	12 709 012	— 5 965 417	80 520 724	— 7,40
" der Kreditgen. v. Westbrandenburg u. angrenz. Landesteilen	7 802 327	5 666 493	— 2 135 834	33 353 495	— 6,40
	168 131 907	113 571 162	— 54 560 745	789 681 237	— 6,90

Tabelle 15a.

Veränderungen im Bestand der Einlagen bei den einzelnen Verbänden in der Zeit vom 15. 7. bis 15. 8. 1913.

Verbände	Summe der Abhebungen vom 15. 7. 1913 bis 15. 8. 1913	Summe der Einzahlungen vom 15. 7. 1913 bis 15. 8. 1913	Rückgang bezw. Zugang
Bayerischer Genossenschaftsverband	3 269 695	3 323 700	+ 54 005
Verband der Kreditvereine zu Berlin	6 495 932	6 439 080	— 56 852
„ der Fränkischen Vorschuß- und Kreditvereine	829 612	801 959	— 27 653
„ Hessischer Vorschuß- und Kreditvereine	4 313 651	3 956 217	— 357 434
„ der Kreditgenossenschaften der Lausitz und benachbarten Landesteile	5 268 675	5 498 112	+ 229 437
„ der Erwerbs- und Wirtschaftsgenossenschaften im Reg.-Bez. Magdeburg usw.	5 582 792	4 364 159	— 1 218 633
„ der Erwerbs- und Wirtschaftsgenossenschaften am Mittelrhein	22 513 536	19 720 507	— 2 793 029
„ der Norddeutschen Erwerbs- und Wirtschaftsgenossenschaften	2 604 736	2 818 648	+ 213 912
„ der Vorschuß- und Kreditvereine von Nordwestdeutschland	21 147 658	21 718 331	+ 570 673
„ der Oberbadischen Erwerbs- und Wirtschaftsgenossenschaften	1 861 661	1 978 060	+ 116 399
„ der Ost- und westpreußischen Erwerbs- und Wirtschaftsgenossenschaften	2 231 270	10 070 791	+ 7 839 521
„ Pfälzischer Erwerbs- und Wirtschaftsgenossenschaften	5 124 009	4 620 877	— 503 132
„ der Vorschuß- und Kreditvereine von Pommern und Brandenburg	4 869 311	5 384 186	+ 514 875
„ der Deutschen Erwerbs- und Wirtschaftsgenossenschaften der Provinz Posen	3 150 484	3 073 017	— 77 467
„ der Kreditgenossenschaften von Rheinland, Westfalen, Lippe und Waldeck	4 172 746	3 964 382	— 208 364
„ der Vorschußvereine in der Provinz Sachsen und Herzogtum Anhalt	706 773	767 468	+ 60 695
„ Sächsischer Erwerbs- und Wirtschaftsgenossenschaften	4 729 025	4 739 960	+ 10 935
„ der Erwerbs- und Wirtschaftsgenossenschaften Schlesiens	5 655 395	6 467 144	+ 811 749
„ der Erwerbs- u. Wirtschaftsgenossenschaft. der Prov. Starkenburg u. Oberhessen	1 033 673	874 157	— 159 516
„ Thüringischer Vorschußvereine	4 813 150	4 587 163	— 225 987
„ der Unterbadischen Kreditgenossenschaften	17 126 857	16 318 164	— 708 693
„ der Kreditgenossenschaften von Westbrandenburg und angrenzenden Landesteilen	6 023 963	6 559 097	+ 535 134
	141 698 541	138 045 179	— 3 653 362

erfolgt sein zur Sicherung der Bestände. Von den 598 berichtenden Genossenschaften geben 70 dies als Grund für die Einzahlungen in einzelnen Fällen an.

Der Sparkassenverkehr im weiteren Verlauf des Krieges.

Wir haben gesehen, wie der Kapitalabfluß bei den Genossenschaften schon nach wenigen kritischen Tagen nachgelassen und eine Panik sich höchstens auf einige Tage erstreckt hat. Der Kapitalzufluß, der nur eine kurze Zeit gestockt hatte, setzte bald wieder ein und zwar in einem besonders starken Maße. Vom 15. August 1914 an ist ein starker Zuwachs zu beobachten (vergl. Tab. 16). Mit Ende des Jahres 1914 ist der Stand vom 15. Juli 1914 schon nahezu wieder erreicht, am 31. März 1915 bereits weit überschritten. Der Kapitalzuwachs hat von da an angehalten bis zur Zeit der Erhebung der Statistik, ist auch, wie alle Berichte ergeben, zur Zeit noch vorhanden. Die Genossenschaften weisen ein Bild größter Geldflüssigkeit aus, ein Bild, wie wir es auch bei allen anderen Kreditinstituten zu beobachten Gelegenheit haben. Der Kapitalzufluß ist auch nicht durch die starke Inanspruchnahme von Kapital für die Reichsanleihen aufgehalten worden. Man kann wohl sagen, daß ziemlich alle die Gelder, die für Reichsanleihe bei Kreditgenossenschaften gezeichnet worden sind, diesen entzogen wurden. Die Beteiligung der Genossenschaften an den 4 Anleihen ist die folgende:

1. Anleihe (September 1914) .	80	Mill. ℳ
2. „ (März 1915)	265	„ „
3. (Juli 1915)	354	„ „
4. „ (April 1916)	305	„ „

Von diesen Beträgen haben die Genossenschaften für eigene Rechnung gezeichnet:

1. Anleihe	14,8	Mill. ℳ
2. „	40	„ „
3. „	42,3	„
4. „	38,8	„ „

Daß die Genossenschaften imstande waren, auch für eigene Rechnung so hohe Beträge ohne Abbruch ihrer Fähigkeit zur Kreditgewähr zu zeichnen, war allein bedingt durch den starken Zufluß fremder Kapitalien.

Innerhalb der Verbände ist das Ergebnis, von kleinen Abweichungen abgesehen, das gleiche. So haben z. B. einzelne Verbände am 31. Dezember 1914 einen Rückgang im Stand ihrer Spargelder zu verzeichnen,

Tabelle 16.

Bewegung der Spareinlagen und der Gesamtkredite während des Krieges.

1. Bestand der Spareinlagen einschließlich Depositen, Scheckgelder; Kontokorrentguthaben.

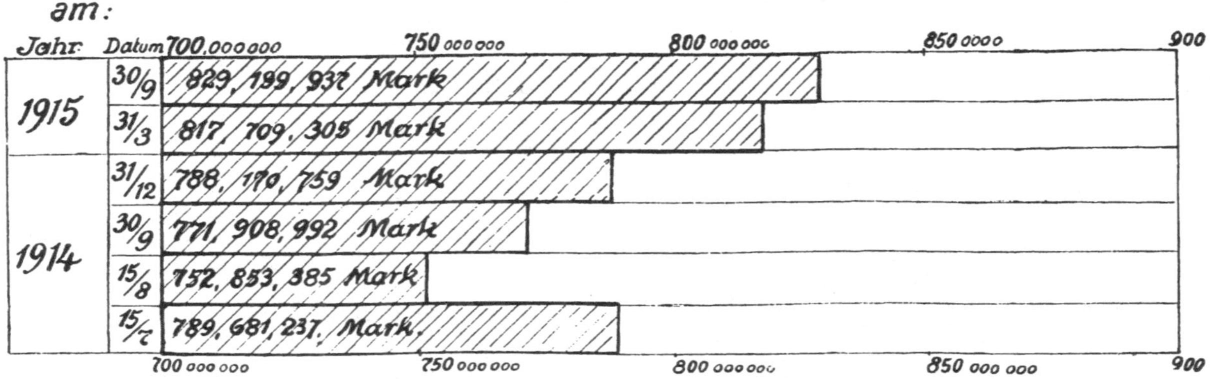

2. Summe der Gesamtkredite (Kontokorrentkonto, Vorschußkonto, Wechselkonto, aus Kriegsgelder und Hypotheken).

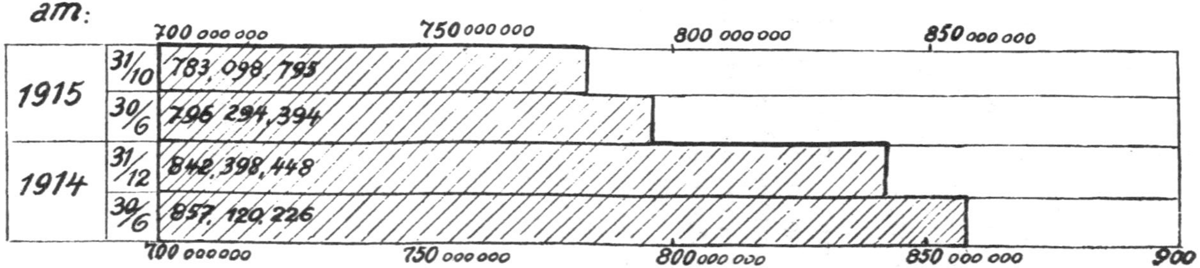

der sich aber durchweg bald wieder ausgleicht. Im Verband Nordwestdeutschland ergibt sich, daß nicht einmal der Kriegsausbruch den Zufluß von Spargeldern zu verhindern vermochte, gegenüber dem 15. Juli 1914 ergibt sich nirgendwo ein Rückgang. Die Verbände für Pommern und Posen haben zwar den Tiefstand ihrer Depositengelder innerhalb der ersten kritischen Kriegsmonate wieder verbessert, den Bestand vor dem Kriege jedoch nicht wieder erreicht. Bedenken hat dies auch für diese Verbände nicht, da ja auch das Kreditbedürfnis stark gefallen ist, so daß auch die verminderten Sparkapitalien die Tätigkeit der Genossenschaften nicht lahmgelegt, oder irgendwie gehindert hätten.

Besonders stark ist der Rückgang der Spargelder bei den Genossenschaften des Berliner Verbandes. Der Grund hierfür liegt wohl nicht allein im Kriege. Es spielen hier die Verhältnisse im Berliner Genossenschaftswesen eine große Rolle. Der Krieg hat sein übriges dazu getan, um so mehr, als mehrere Genossenschaften noch unter Geschäftsaufsicht gehen mußten, wobei die Gründe für diesen Schritt weniger im Kriege, als in den Verhältnissen vor dem Kriege zu suchen sind.

Bezeichnend für das große Vertrauen, das die Genossenschaften genießen, ist die Tatsache, daß z. B. die Genossenschaften in Ost- und Westpreußen schon kurz nach dem 15. August einen starken Kapitalzufluß aufweisen. Bereits Ende September ist der Depositenstand vom 15. Juli 1914 fast erreicht. Der Zuwachs ist teilweise ganz bedeutend. Der Stand am 15. Juli betrug 81,2 Mill. *M*, am 30. Septenber 1915 95,8 Mill. *M*.

Alle diese Zahlen beweisen die starke Geldflüssigkeit in der deutschen Volkswirtschaft, der beste Beweis für den Kreislauf der für die Kriegszwecke aufgewandten Milliarden innerhalb der eigenen Volkswirtschaft.

4. Kapitel.

Der Einfluß des Krieges auf die Kreditgewährung seitens der Kreditgenossenschaften.

Kreditnot und Kriegskreditorganisationen; Einfluß auf die Kreditgenossenschaften.

Das beste Bild davon, in welchem Umfange innerhalb unseres Wirtschaftslebens ein gesteigertes Bedürfnis nach Kredit während des Krieges bestand, gibt eine Betrachtung darüber, inwieweit die Kriegskreditorganisationen in Anspruch genommen worden sind. Soweit solche überhaupt nicht geschaffen wurden bezw. nur wenig in Tätigkeit getreten sind, beweist dies, daß die vorhandenen Organisationen (Genossenschaften, Banken usw.) in der Lage waren, dem Kreditbedürfnis auch in einer durch den Krieg gesteigerten Form gerecht zu werden, oder, daß ein gesteigertes Kreditverlangen überhaupt nicht vorlag.

Die Wirtschaftsverhältnisse hatten sich durch den Krieg so zugespitzt, daß man trotz des guten Aussehens unseres Geldmarktes von einer gewissen Kreditkrisis sprechen kann. Diese Kreditkrisis hat aber, wie wir bereits oben erwähnt haben, nicht so lange angehalten, als man bei der Schaffung der Organisationen, die man schon vor dem Kriege vorgesehen hatte, z. B. der Darlehnskassen, oder bei der Neuerrichtung ähnlicher Kreditinstitute anzunehmen geneigt war. In verhältnismäßig kurzer Zeit verlief sich die Kreditkrisis, die in den historischen Kriegstagen vom 27. Juli bis 8. August den Höhepunkt erreichte und zu Ende 1914 wieder vollständig verlaufen war.

Sie hat auf alle Fälle keinen so allgemeinen Charakter gehabt, als man früher anzunehmen geneigt war. Ein verstärktes Kreditbedürfnis machte sich nur in gewissen Gewerben und in gewissen Gegenden bemerkbar. Betroffen wurden vor allem die Industrie-, Gewerbe- und Handelskreise sowie die Groß-, Mittel- oder Kleinbetriebe, auch die freien Berufe durch die zahlreichen Heereseinberufungen. Hier läßt sich teilweise von einem gesteigerten Kreditbedürfnis sprechen. Auch territorial ist das Kreditbedürfnis ganz verschieden, wie die Berichte aus den verschiedenen Gegenden erkennen lassen. Bei Deumer, Der private Kriegskredit und seine Organisation, S. 49, heißt es:

„Eine ganze Reihe der Berichte spricht sich dahin aus, daß die Kreditgenossenschaften völlig zur Befriedigung des Kreditbedarfes genügt haben. Solche Berichte liegen namentlich aus Kreisen vor, wo eine ländliche Bevölkerung überwiegend ist, so daß der weitere Rückschluß zulässig ist, daß namentlich die ländlichen Kreditgenossenschaften der Kreditkrisis gewachsen waren.

Bei Durchsicht der territorialen Tabelle wird man finden, daß besondere Kriegskreditorganisationen nur in den größeren Städten errichtet wurden. Und hier zeichnen sich wiederum solche Städte aus, die eine starke handeltreibende, industrielle oder kleingewerbliche Bevölkerung besitzen. Groß-Berlin und Hamburg sind mit einer ganzen Reihe von den verschiedenen Kreditbedürfnissen entsprechenden Kriegskreditorganisationen vertreten, ebenso der Regierungsbezirk Düsseldorf, das Königreich Sachsen, der Regierungsbezirk Potsdam, das Maingebiet mit den drei benachbarten Städten Frankfurt, Mainz und Offenbach.

Auffallend gering ist das Bedürfnis nach besonderen Kriegskreditorganisationen in Bayern und Württemberg, ebenso auch in Rheinland, Westfalen und Baden gewesen. In Württemberg ist überhaupt nur eine einzige Kriegskreditbank mit dem

Sitze in Stuttgart entstanden. Es überrascht, daß solche erwerbstätige Städte, wie Cöln und Mannheim ihr starkes Kreditbedürfnis auf regulärem Wege befriedigen konnten, während es mit Rücksicht auf die geringen Handelsbeziehungen nicht auffallen darf, wenn Landesteile wie Mecklenburg, Braunschweig, Sachsen-Koburg-Gotha und einige kleinere andere Bundesstaaten ohne besondere Kredithilfen auskommen."

Eine genaue Aufstellung der einzelnen geschaffenen Kriegskreditorganisationen findet man gleichfalls bei Deumer S. 49 ff.

Insonderheit darf man von einer Kreditnot des Mittelstandes nicht sprechen. Die Bemühungen, die darauf herauslaufen, eine allgemeine Kreditaktion zugunsten des Mittelstandes einzuleiten, sind somit ein Kampf gegen Windmühlen.

Die bestehenden Kriegskreditorganisationen wissen durchweg von keiner größeren Tätigkeit zu berichten, eine Tatsache, die nur zurückzuführen ist auf das Funktionieren der bereits bestehenden Kreditinstitute. Insonderheit haben die Kriegskreditinstitute durchweg auch keinen großen Einfluß auf die Geschäftsführung der bestehenden Kreditinstitute erlangt. Nach den Berichten der Kreditgenossenschaften zur Kriegsstatistik bestanden an 56 Orten, an denen auch Kreditgenossenschaften des Allgemeinen Verbandes tätig waren, Kriegskreditorganisationen. Übereinstimmend geben diese Genossenschaften an, daß die Organisationen keinen Einfluß auf die Geschäftsführung der Genossenschaften erlangt haben.

Bestand der Kredite.

Betrachtet man die Kreditgewähr bei Genossenschaften während des Kriegsjahres 1914, so zeigt sich, daß in der Gesamtsumme der gewährten Kredite gegenüber dem Vorjahr ein immerhin recht beträchtlicher Rückgang zu verzeichnen ist.

1913 hatten die zum Jahrbuch des Allgemeinen Verbandes berichtenden Genossenschaften Kredit gewährt in Höhe von 5 409 660 000 ℳ.

1914 sank die Gesamtwährung auf 4 634 609 000 ℳ. Also ein Rückgang von rund 800 Millionen.

Dieser Rückgang ist aber nicht zurückzuführen auf die Unmöglichkeit höherer Kreditgewähr, findet seinen Grund vielmehr in der allgemeinen Wirtschaftslage. Die Intensität der Unternehmungslust hat in den Kriegsmonaten doch stark nachgelassen, vor allem auch in den Zweigen, die nicht an Heereslieferungen beteiligt waren. Der dadurch eingetretene Stillstand unseres wirtschaftlichen Lebens macht sich natürlich in dem Mittelstand bei den Handwerkern besonders stark bemerkbar. Man braucht dabei nur an die Bauhandwerker zu erinnern, die durch das absolute Stilliegen auf dem Baumarkt und die schwierige Lage des Hausbesitzes und des Hypothekenmarktes schwer betroffen sind. Die Umwandlung unseres Zahlungsverkehrs zur Barzahlung hat weiter dazu beigetragen, die Kreditansprüche zu vermindern. Genossen, die früher gezwungen waren zur Erledigung ihrer Geschäfte Kredit in Anspruch zu nehmen, hatten dies nach Kriegsbeginn selbst bei gesteigerter Geschäftstätigkeit nicht notwendig und unterhielten vielfach große Guthaben bei den Genossenschaften.

Kurz vor Kriegsausbruch und in den ersten Tagen des Krieges war die Ruhe in dem Kreditbegehren unterbrochen worden durch ein gesteigertes Kreditverlangen. Auch die Kreditgenossenschaften wurden dadurch recht lebhaft berührt. An ihre Liquidität und Leistungsfähigkeit wurden dabei von zwei Seiten (Abfordern von Spareinlagen, Begehr eines neuen Kredits) die höchsten Anforderungen gestellt.

Wir haben nun oben gesehen, daß die Abhebung fremder Gelder in der Zeit vom 15. Juli bis 15. August zwar recht beträchtlich war, aber immerhin noch über $^3/_4$ des alten Bestandes an Einlagen den Genossenschaften beließ, ganz abgesehen von den recht erheblichen Zuflüssen, so daß der Gesamtrückgang sich nur auf 6,90 % der Gesamteinlagen stellte. Diesen Anforderungen sind die Genossenschaften, wie oben gezeigt und ihre Berichte ergeben, durchweg gewachsen gewesen.

Wir haben oben gezeigt, daß von den zur Kriegsstatistik berichtenden Genossenschaften 393 gegenüber 218 keinen Kredit in Anspruch zu nehmen nötig hatten. Die anderen Genossenschaften haben, wie dies auch schon oben erwähnt ist, bei der Reichsbank und der Dresdner Bank durchaus den nötigen Rückhalt gefunden. Unbefriedigte Kredite der Genossenschaften — es seien denn Angstkredite — hat es nicht gegeben. Hierbei ist zu beachten, daß sich die Genossenschaften vielfach lediglich einen Kredit *gesichert* haben, den sie in Anspruch zu nehmen nicht notwendig hatten. Die Kreditgenossenschaften waren daher in der Lage, kurz vor und bei Ausbruch des Krieges ihre Kredithilfe ihren Mitgliedern zur Verfügung stellen zu können.

Und dies ohne die Rückendeckung der Preußenkasse! Bei Ausbruch des Krieges war seitens des Anwalts des Allgemeinen Verbandes, Professor Dr. Crüger, ein Rundschreiben an die Kreditgenossenschaften ergangen, das vielfach eine ganz falsche Auslegung seitens derjenigen Kreise erfahren hat, die in der staatlichen Spitze der Genossenschaften, in der Preußenkasse, das Ideal des genossenschaftlichen Kreditwesens erblicken. Das Rundschreiben hatte folgenden Wortlaut:

An die Kreditgenossenschaften!

„Durch die Dresdner Bank, Genossenschafts-Abteilung, sind die Mitglieder des Giroverbandes darauf aufmerksam gemacht, daß der Giroverband seine wesentlichste Aufgabe, den Einzug von Wechseln nach Maßgabe des § 5 Absatz 2 der Girobedingungen eingestellt hat.

Der Eintritt des Kriegszustandes hat tief in das wirtschaftliche Leben eingegriffen, vielleicht am meisten sind die Kreditinstitute in Mitleidenschaft gezogen.

Dem Wunsche der Kreditgenossenschaften zu entsprechen und ihnen allgemein gültige und allgemein maßgebende Richtlinien für ihr Verhalten in diesen Tagen zu geben, ist unmöglich. Nur dies kann erklärt werden, daß weitere Kreditgenehmigungen seitens der Genossenschaften zur Zeit ausgeschlossen sind, daß auch selbst auf bewilligte Kredite weitere Zahlungen nicht geleistet werden können, daß bei Rückzahlungen aus Guthaben die Kündigungsfrist unter allen Umständen einzuhalten ist, höchstens dann Ausnahmen gemacht werden können, wenn der Rückforderer den Nachweis erbringt, daß er bei der Abhebung nicht durch die Kriegsfurcht geleitet ist.

Der Unverstand des Publikums hat bedauerlicherweise unter dem Einfluß der Kriegsfurcht zu ungewöhnlich großen Abhebungen geführt, die sich in einer Zeit wie der jetzigen natürlich ganz besonders fühlbar machen; das Publikum hat es sich selbst zuzuschreiben, wenn schließlich die Kreditinstitute im Interesse der Allgemeinheit bei den Auszahlungen jede mit dem Gesetz vereinbare Zurückhaltung sich auferlegen.

In wenigen Tagen dürfte Vorsorge getroffen werden, daß die Genossenschaften gegen Verpfändung von festverzinslichen Wertpapieren Geld erhalten können. Dringend erwünscht wäre es, wenn auch auf mündelsichere Hypotheken Geld gegeben werden würde. Zur Zeit müssen die Genossenschaften durchaus suchen, nach Möglichkeit mit den eigenen Mitteln auszukommen, d. h. den Geschäftsbetrieb darauf einzurichten. Auch Schuldner und Gläubiger der Kreditgenossenschaften dürfen nicht vergessen, daß wir uns im Kriegszustand befinden, in dem die normalen geschäftlichen Grundsätze außer Kraft getreten sind. Freilich scheinen die Gläubiger vielfach der Ansicht zu sein, daß die Kreditinstitute in dieser Zeit leistungsfähiger seien als in der ruhigen! Aufklärung des Publikums ist dringend notwendig."

Was mit dem Rundschreiben bezweckt war, ergibt sich am besten aus den Worten, mit denen der Anwalt Dr. Crüger selber die Gründe für dieses Rundschreiben dargelegt hat:

„. . . . . Als der Ausbruch des Krieges nun in drohende Nähe kam, beschäftigte ich mich naturgemäß mit der Frage, wie für den Ausbruch des Krieges die Genossenschaften beraten werden sollen. Vorgänge aus früheren Kriegen fehlten vollständig. In den letzten Julitagen hielt ich mich viel bei der Genossenschafts-Abteilung der Dresdner Bank auf und konnte beobachten, wie stark die Kreditansprüche aus den Kreisen der Genossenschaften waren. Es erschien mir nun Pflicht, den Genossenschaften eine Anweisung zugehen zu lassen, wenn ich mir auch darüber vollständig im klaren war, daß ich bestimmte Ratschläge kaum würde geben können. Ich wollte beruhigend wirken und insbesondere die Kreditgenossenschaften zur Vorsicht mahnen unter dem Gesichtspunkte, daß sie in erster Reihe an die Befriedigung der Gläubiger zu denken hätten, um das Vertrauen der Gläubiger sich zu erhalten. Eine Krediterschütterung mußte unter allen Umständen vermieden werden. Da nun auch damit zu rechnen war, daß die Mitglieder mit großen Kreditansprüchen hervortreten könnten — vielfach wahrscheinlich Angstkredite entsprechend den Angstabhebungen — so mußte ich für die Kreditgewähr die größte Zurückhaltung anempfehlen. Am 1. August hat nun noch niemand geahnt, das schon in wenigen Tagen sich die Bevölkerung beruhigen und in wenigen Wochen die Geschäfte, fast möchte man sagen, ihren normalen Verlauf nehmen würden, daß eine Geldflüssigkeit eintreten würde, wie man sie noch nie erlebt hat....."

Dr. Deumer hat nun in seinem Buche: „Der private Kriegskredit und seine Organisation" Ausführungen gemacht, die den vorliegenden Ergebnissen der Kriegsstatistik und den tatsächlichen Verhältnissen nach als unzutreffend zu bezeichnen sind. Deumer sagt S. 163:

„..... Dagegen konnte von den bereits bestehenden genossenschaftlichen Kreditinstituten eine sofort einsetzende Kredithilfe verlangt werden. Es zeigte sich aber, daß dieser Erwartung im allgemeinen nur die Kreditgenossenschaften entsprachen, die für ihre Organisation des genossenschaftlichen Geldausgleiches die Rückendeckung der Preußischen Zentralgenossenschaftskasse gewählt hatten. Insofern sind neben den Reichsdarlehnskassen die der Preußischen Zentralgenossenschaftskasse angegliederten Kreditkassen diejenigen Kreditorganisationen gewesen, die unmittelbar vor und nach Kriegsausbruch das erste Kriegskreditbegehren befriedigen konnten. ."

Und weiter S. 173:

„..... Ohne die Mitwirkung der Preußenkasse wären in den Kriegskreditkrisenzeiten weder genossenschaftliche Neuschöpfungen möglich gewesen, noch hätte eine Ausdehnung des Kreditverkehres bestehender Genossenschaften durch Aufnahme neuer Mitglieder oder Berücksichtigung erhöhter Kredite erfolgen können.

Denn die nicht der Preußenkasse angeschlossenen Gesellschaften hatten in den ersten Kriegswochen ebenso wie alle anderen privatkapitalistischen Kreditinstitute Mühe, ihr eigenes bisheriges Tätigkeitsgebiet zu versorgen und ihre früheren Kreditaufgaben durchzuführen. Bei Neubildung von Genossenschaften oder bei stärkerem Wachstum bestehender Genossenschaften macht sich naturgemäß ein größerer Geldbedarf geltend. Solchen neuen Ansprüchen konnte aber bei der Kriegskreditkrisis nur eine staatliche Organisation wie die Preußische Zentralgenossenschaftskasse gerecht werden und dieses Ergebnis wird und muß sich bei der ganzen Struktur einer genossenschaftlichen Kreditorganisation, die privatkapitalistische Institute als Rückendeckung besitzt, in Kreditkrisenfällen immer herausstellen. ."

Mit diesen Ausführungen widerspricht sich Deumer zunächst selber. Auf S. 170 führt er aus:

„..... Soweit diese daher nicht von den besonderen Kriegskreditorganisationen berücksichtigt wurden, hat sich die Kriegskredithilfe für den deutschen Mittelstand in den Genossenschaften abgespielt. Es muß hier festgestellt werden, daß nach den mir vorliegenden Berichten das Genossenschaftswesen sich überaus glänzend bewährt hat. Das gilt, von kleinen Abweichungen hinsichtlich der Schnelligkeit und des Umfanges der Kredithilfe abgesehen, von fast allen Kreditgenossenschaften jedweden Systems. Und dieses Ergebnis bedeutete gleichzeitig einen überlegenen Sieg der Genossenschaftswirtschaft über die rein kapitalistischen Individualbetriebe, wo infolge übermäßig starker

Betonung gewisser privatwirtschaftlicher Gesichtspunkte Funktionsstörungen vorkamen, die mit Rücksicht auf die Befolgung allgemeiner Interessen besser vermieden worden wären.

Hier liegt also eine rückhaltlose uneingeschränkte Anerkennung vor, daß die Kreditgenossenschaften aller Systeme sich in der Krisenzeit bewährt haben. Die gegenteiligen Äußerungen lassen sich nur aus der Art der Informationsquellen Deumers erklären. Deumer hat seine Unterlagen aus den Kreisen erhalten, die das Ideal des Genossenschaftswesens in einer staatlichen Spitze erblicken, in der Preußenkasse. Die Preußische Zentralgenossenschaftskasse mag vielleicht darüber orientiert sein, wie die an diese angeschlossenen Kreditgenossenschaften gearbeitet haben, und von Vertretern des Hauptverbandes, die in der Lage waren, die Vor- und Nachteile dieses Anschlusses bei sich selber zu erfahren, ist geäußert worden, daß die Kreditgenossenschaften, die der Preußenkasse angeschlossen waren, nicht schlechter gearbeitet haben als die anderen (Jahrbuch des Hauptverbandes 1914). Es soll an dieser Stelle nicht versucht werden, ein Urteil über die Leistungen der Preußenkasse während der Kreditkrisis zu fällen, da mit Recht der Vorwurf gemacht werden könnte, daß mangels zahlenmäßiger Unterlagen ein solches Urteil niemals begründet sein könnte. Aus dem gleichen Grunde muß aber auch ein Urteil über die Leistungen der Kreditgenossenschaften des Allgemeinen Verbandes als unbegründet angesprochen werden, das sich auf Informationsquellen stützt, die es nicht wissen können. Erst die vorliegenden Erhebungen zur Kriegsstatistik haben zahlenmäßig erwiesen, daß auch die Kreditgenossenschaften mit der Rückendeckung eines nichtstaatlichen Instituts den erhöhten Kreditansprüchen der Kriegszeit gerecht geworden sind. Und hierbei hat dieses Institut sich durchaus bewährt. Wir haben bereits oben erwähnt, daß der genossenschaftliche Beirat bei der Dresdner Bank dies ausdrücklich noch anerkannt hat.

Die Verhältnisse in der Kreditgewährung vereinfachten sich noch, als bald nach Ablauf der ersten Kriegstage eine Beruhigung in der Kreditgewähr eintrat. Der Stand des gesamten Kriegskredits ging daher bald zurück und ermöglichte den Genossenschaften, alle Kreditansprüche aus den eigenen oder fremden Betriebsmitteln ohne Inanspruchnahme eines Bankkredits zu befriedigen.

Hatte am 30. Juni 1914 die Summe der Gesamtkredite (Kontokorrentkonto, Vorschußkonto, Wechselkonto, auch Steiggelder und Hypotheken) noch 857 120 206 *M* betragen, so ging der Stand schon auf 842 398 448 *M* am Ende des Jahres 1914 zurück. Der Rückgang hält auch weiter an:

Am 30. Juni 1915 war der Stand der Gesamtkredite nur mehr 796 294 394 *M*, am 31. Oktober 1915 nur noch 783 098 795 *M* (vergl. Tab. 16, S. 49). Der Rückgang verteilt sich nahezu gleichmäßig auf ganz Deutschland, d. h. alle Unterverbände (vergl. Tab. 18). Nur im sächsischen Verbande ergibt sich ein Aufstieg auch während des Krieges, der sich erklärt durch eine gesteigerte Teilnahme der Mitglieder an den Kriegsindustrien.

Bei einzelnen Verbänden war nur zu Ende 1914 die Gesamtsumme der Kredite etwas höher als 6 Monate vorher, ging dann aber meistens wieder zurück und zwar unter den Stand vom 30. Juni 1914.

Besonders stark ist der Rückgang bei den Genossenschaften des ost- und westpreußischen Verbandes. Der Stand der Kredite fällt hier vom 30. Juni 1914 bis 30. September 1915 von 100 012 706 *M* auf 79 262 815 *M*, also um rund 20 Millionen. Die Gründe liegen auch hier in den besonderen kriegswirtschaftlichen Verhältnissen von Ostpreußen begründet.

Einen prozentual nahezu gleich starken Rückgang hat der Berliner Verband zu verzeichnen: von 14,9 Mill. am 30. Juni 1914 oder 16,2 Mill. am 31. Dezember 1914 auf 11,6 Mill. *M* am 31. September 1915.

Kriegslieferungen und Blankokredite.

Die Kriegslieferungen und die mit ihnen verbundene Barzahlung haben auch auf die Genossenschaften vielfach Einfluß gehabt. Mitglieder, die bis dahin bei der Genossenschaft ständig im Debet standen, haben die Schulden sehr oft bald in ein Guthaben verwandelt, ein Umstand, der den Kreditgenossenschaften wiederum viel fremde Gelder in die Hände gebracht hat, deren Unterbringung notwendig war. Weiter ist auf vielen Konten Bewegung eingetreten, die bis dahin jahrelang stillgelegen haben.

Vielfach haben die Genossenschaften ihren Mitgliedern auch durch Gewährung von Darlehen die Teilnahme an Heereslieferungen erleichtert. Vielfach hat man dabei sogar Blankokredit gewährt, um die Beteiligung zu ermöglichen.

Das Verhältnis der Höhe des Kredits zum Wert der Leistung ist sehr schwankend. Teilweise sind die Genossenschaften bis 80 % des Wertes der Leistung herangegangen.

Eine Genossenschaft berichtet über einen Blankokredit von 115 000 *M* an ihre Gemeinde. Bei 3 Genossenschaften erhielten Verbände (Handwerkergenossenschaften) den Kredit. Nur eine Genossenschaft berichtet, daß sie bei der Kreditgewähr bis zur vollen Höhe des Wertes der Leistung herangegangen sei.

Tabelle 17.

Bestand der Spareinlagen 1914 und 1915.

Verbände	Bestand der Spareinlagen einschließlich Depositen, Scheckgelder, Kontokorrentguthaben am: 15. Juli 1914	15. August 1914	30. Sept. 1914	31. Dezemb. 1914	31. März 1915	30. Sept. 1915
	ℳ	ℳ	ℳ	ℳ	ℳ	ℳ
Bayerischer Genossenschaftsverband	12 241 211	10 778 150	11 839 769	11 808 986	12 375 559	12 156 448
Verband der Kreditvereine zu Berlin	26 712 899	22 155 029	21 696 025	21 203 208	21 302 543	21 114 007
" der Fränkischen Vorschuß- und Kreditvereine	7 886 295	7 720 574	7 893 001	8 169 946	8 286 257	8 945 739
" Hessischer Vorschuß- und Kreditvereine	30 076 791	28 877 946	30 147 825	31 061 430	31 187 878	31 659 017
" der Kreditgenoss. d. Lausitz u. benachb. Landesteile	23 442 984	22 202 621	22 286 142	24 971 549	27 116 610	27 722 632
" der Erwerbs- und Wirtschaftsgenossenschaften im Reg.-Bez. Magdeburg usw.	39 061 411	37 654 111	37 359 160	39 308 637	34 860 271	39 162 398
der Erwerbs- u. Wirtschaftsgenoss. a. Mittelrhein	94 412 663	89 364 582	91 803 337	92 599 171	96 831 940	98 768 622
der Norddeutschen Erwerbs- u. Wirtschaftsgenoss.	28 378 484	27 332 521	27 989 217	28 595 559	29 354 729	28 937 119
der Vorschuß- u. Kreditvereine v. Nordwestdeutschl.	41 704 779	42 315 793	42 987 797	45 061 238	48 929 090	50 208 022
der Oberbadisch. Erwerbs- u. Wirtschaftsgenossensch.	22 846 637	22 423 988	22 639 757	24 597 299	25 619 498	25 648 648
der Ost- u. westpreuß Erwerbs- u. Wirtschaftsgen.	81 297 052	78 630 374	80 446 291	84 901 840	90 082 967	95 873 975
Pfälzischer Erwerbs- u. Wirtschaftsgenossenschaften	39 952 184	38 778 745	44 468 807	45 343 177	45 967 050	46 774 832
der Vorschuß u. Kreditver. v. Pomm. u. Brandenb.	28 694 697	26 307 470	26 976 105	27 888 340	27 435 334	26 433 969
der Deutsch. Erw.- u. Wirtschaftsg. d. Prov. Posen	24 738 503	23 305 546	22 834 159	23 101 833	23 476 880	22 336 372
der Kreditgenossenschaften von Rheinland, Westfalen, Lippe und Waldeck	22 698 520	20 990 238	20 549 006	21 924 969	22 243 567	23 212 338
d. Vorschußvereine i. d. Pr. Sachs. u. Herzogt. Anhalt	9 861 091	9 614 194	9 727 483	9 926 441	9 888 530	9 851 882
Sächsischer Erwerbs- u. Wirtschaftsgenossenschaften	20 874 647	19 972 803	20 424 471	20 403 926	21 929 600	22 956 734
der Erwerbs- u. Wirtschaftsgenossensch. Schlesiens	68 342 164	66 959 666	67 869 661	68 876 545	68 930 715	67 495 852
der Erwerbs- und Wirtschaftsgenossenschaften der Provinz Starkenburg und Oberhessen	15 454 675	15 259 434	15 347 601	15 918 289	15 324 210	14 426 731
Thüringischer Vorschußvereine	37 129 331	35 411 461	36 113 216	27 410 432	38 223 298	37 165 746
der Unterbadischen Kreditgenossenschaften	80 520 724	75 727 434	78 591 714	81 504 085	82 864 611	82 975 372
der Kreditgenossenschaften von Westbrandenburg und angrenzenden Landesteilen	33 353 495	31 070 705	31 918 448	33 593 859	35 478 168	35 373 482
	789 681 237	**752 853 385**	**771 908 992**	**788 170 759**	**817 709 305**	**829 199 937**

Gesamtkredite 1914 und 1915.

Tabelle 18.

Verbände	Summe der Gesamtkredite (Kontokorrentkonto, Vorschußkonto, Wechselkonto usw.) am 30. Juni 1914 ℳ	31. Dezember 1914 ℳ	30. Juni 1915 ℳ	31. Oktober 1915 ℳ
Bayerischer Genossenschaftsverband	17 083 311	16 220 521	15 323 396	14 314 537
Verband der Kreditvereine zu Berlin	14 914 188	16 289 914	11 258 801	11 698 649
Verband der Fränkischen Vorschuß- und Kreditvereine	8 428 003	8 564 389	8 287 414	8 514 603
Verband Hessischer Vorschuß- und Kreditvereine	32 366 981	33 877 791	32 328 865	32 530 029
Verband der Kreditgenossenschaften der Lausitz und benachbarten Landesteile	23 046 493	22 839 549	22 020 352	20 827 632
Verband der Erwerbs- u. Wirtschaftsgenossenschaft. im Reg.-Bez. Magdeburg usw.	38 809 430	38 198 218	37 567 686	36 661 216
Verband der Erwerbs- und Wirtschaftsgenossenschaften am Mittelrhein	96 552 018	99 168 135	91 876 968	91 354 054
Verband der Norddeutschen Erwerbs- und Wirtschaftsgenossenschaften	26 032 286	24 048 482	22 877 725	22 259 528
Verband der Vorschuß- und Kreditvereine von Nordwestdeutschland	51 336 866	51 051 482	51 213 802	50 347 104
Verband der Oberbadischen Erwerbs- und Wirtschaftsgenossenschaften	26 192 612	25 699 738	25 017 602	22 781 223
Verband der Ost- und westpreußischen Erwerbs- und Wirtschaftsgenossenschaften	100 012 706	90 969 558	85 194 883	79 262 815
Verband Pfälzischer Erwerbs- und Wirtschaftsgenossenschaften	46 227 009	45 870 214	44 641 430	44 742 118
Verband der Vorschuß- und Kreditvereine von Pommern und Brandenburg	34 260 606	35 708 083	31 475 748	31 421 662
Verband der Deutschen Erwerbs- u Wirtschaftsgenossenschaften der Prov. Posen	29 156 357	27 897 365	25 540 870	25 563 699
Verband der Kreditgenossenschaften von Rheinland, Westfalen, Lippe u. Waldeck	16 482 666	15 879 193	15 112 354	15 405 395
Verband der Vorschußvereine in der Provinz Sachsen und Herzogtum Anhalt	9 291 433	10 630 809	8 697 258	8 653 232
Verband Sächsischer Erwerbs- und Wirtschaftsgenossenschaften	15 959 274	17 255 000	14 921 754	16 529 374
Verband der Erwerbs- und Wirtschaftsgenossenschaften Schlesiens	79 836 702	76 866 592	74 305 797	76 058 138
Verband der Erwerbs- und Wirtschaftsgenossenschaften der Provinz Starkenburg und Oberhessen	14 924 478	14 769 731	14 952 546	14 206 916
Verband Thüringischer Vorschußvereine	43 537 174	43 123 124	40 398 255	40 585 944
Verband der Unterbadischen Kreditgenossenschaften	102 449 856	97 774 183	95 899 739	92 414 826
Verband der Kreditgenossenschaften von Westbrandenburg und angrenzenden Landesteilen	30 219 759	29 696 377	27 381 149	26 966 101
	857 120 226	**842 398 448**	**796 294 394**	**783 098 795**

5. Kapitel.

Einfluß des Krieges auf das Geschäftsergebnis der Kreditgenossenschaften.

Umfang der Gewinne.

Betrachtet man die Gewinnentwicklung der Genossenschaften während des Krieges, so zeigt sich, daß der Einfluß auf die Reingewinne nicht so groß gewesen ist, als man bei dem Rückgang der Geschäftsumsätze hätte erwarten können (vergl. Tab. 4 S. 21). Die Reingewinne für 1913 betrugen bei 598 berichtenden Genossenschaften 16 022 226 *M*, 1914: 16 012 349 *M*. Der absolute Rückgang der Reingewinne ist somit verhältnismäßig gering. Es ist damit aber noch nicht gesagt, in welchem Umfange die Genossenschaften durch Eintritt von Verlusten während der Kriegszeit geschädigt worden sind. Die Gestaltung des Reingewinns gibt noch keinen klaren Ausdruck für die Prosperität der Genossenschaften. Die Reingewinnzahlen sind daher mit Vorsicht zu betrachten.

Von Einfluß auf die Gestaltung der Reingewinne für das Jahr 1915, vor allem auch 1916, ist die Kriegsgewinnsteuer geworden. Je niedriger der Reingewinn in den Kriegsgeschäftsjahren, desto geringer die Kriegsgewinnsteuer. Aus dieser Erwägung heraus haben die Genossenschaften jetzt vielfach ohne Rücksicht auf die die Dividendenpolitik immerhin beeinflussende Stimmung der Mitglieder Abschreibungen an den Wertpapieren vorgenommen, die eine unbedingte Deckung aller Kursverluste sicherstellen. Im Kriegsjahre 1914 haben viele Genossenschaften im Glauben an eine kurze Dauer des Krieges ihre Bilanz ohne starke Abschreibungen auf dem Wertpapierkonto und den bedrohten Schuldnerkonten aufgestellt, so daß sie in erhöhtem Maße solche Abschreibungen in den folgenden Kriegsgeschäftsjahren vornehmen mußten.

Von den Reingewinnen ist im Jahre 1914 ein geringerer Prozentsatz zu den Reserven geflossen als im Jahre 1913, wie bereits schon oben gezeigt (vergl. Tab. 4 S. 21). Inwieweit Rückstellungen zu stillen Reserven stattgefunden haben, ist allerdings dabei nicht zum Ausdruck gekommen.

Dividendenpolitik.

Einfluß hat die Veränderung des Reingewinns naturgemäß auch auf die Dividendenpolitik gehabt.

Es ist den Genossenschaften immer wieder ans Herz gelegt worden, vorsichtig bei der Gestaltung ihrer Dividenden zu sein. Im allgemeinen wird aber seitens der Genossenschaften nur ungern von den Dividendensätzen des Vorjahres abgewichen.

Andererseits sind bei der Ausschüttung der Dividenden die Vereine doch an die gegebenen finanziellen Verhältnisse gebunden. Wir finden daher durchschnittlich einen Rückgang in der Höhe der Dividenden (vergl. Tab. 19). Während z. B. 1913 noch 62,2 % der berichtenden Vereine (584) 6 % und mehr Dividende verteilten, waren es 1914 nur mehr 45,2 %. Die Höhe der Dividende verschob sich nach 5 % hin. Immerhin blieben 1914 die Vereine, die 5 % und mehr Dividende verteilten, noch hinter der Zahl für 1913 zurück: 86,6 v. H. gegenüber 90,6 v. H. der berichtenden Vereine.

Tabelle 19.

Die Dividendenbewegung im Jahre 1913 und 1914.

Dividenden %	1913 Anzahl der Genossenschaften	1913 in % von den berichtenden Genossenschaften	1914 Anzahl der Genossenschaften	1914 in % von den berichtenden Genossenschaften
2½	—	—	1	*0,2*
3	6	*1*	14	*2,4*
3½	1	*0,2*	—	—
4	35	*6*	49	*8,4*
4¼	—	—	1	*0,2*
4½	11	*2*	11	*2*
4¾	1	*0,2*	1	*0,2*
5	146	*25*	226	*39*
5⅔	1	*0,2*	—	—
5½	19	*3,2*	14	*2,4*
6	241	*41,2*	198	*34,1*
6½	13	*2,2*	9	*1,5*
7	79	*13,4*	42	*7,2*
7½	2	*0,4*	—	—
8	24	*4,1*	13	*2,2*
9	2	*0,4*	—	—
10	3	*0,5*	1	*0,2*
	584	*100,0*	580	*100,0*

Vor allem entfielen aber die hohen Dividenden von 7 % und mehr, 1914 waren es nur mehr 9,6 v. H. gegenüber 18,8 v. H. des Vorjahres.

Innerhalb der Unterverbände gestaltet sich das Bild ähnlich (vergl. Tabelle 20). Der Rückgang im Reingewinn ist anderseits vielfach nicht den Dividenden zur Last gefallen, sondern in der Überweisung an die Reservefonds zum Ausdruck gekommen.

Zu beachten ist vor allem auch, daß bei der Ausschüttung der Dividenden für 1914 niemand daran gedacht hat, daß der Krieg noch über 1915 hinaus andauern könnte. Die Schäden des Krieges durch Fortsein vieler Schuldner machen sich ja auch vor allem durch die Länge des Krieges bemerkbar infolge der Unmöglichkeit, während der langen Dauer des Krieges die Geschäfte abwickeln zu können, und in dem Rückgang der Kreditfähigkeit und -würdigkeit derjenigen Genossen, denen vor dem Kriege bereits Kredite gewährt worden sind.

Tabelle 20. **Dividendenbewegung innerhalb der einzelnen**

Verbände	Berichtende Vereine	Zahl der Unterverbände									
		2½		3		3½		4		4¼	
Bayerischer Genossenschaftsverband	7	—	—	—	—	—	—	*1*	1	—	—
Verband der Kreditvereine zu Berlin	10	—	1	*3*	4	—	—	*2*	1	—	—
" der Fränkischen Vorschuß- und Kreditvereine	20	—	—	—	1	—	—	*3*	1	—	—
Hessischer Vorschuß- und Kreditvereine	17	—	—	*1*	2	—	—	*2*	1	—	—
der Kreditgenossenschaften der Lausitz und benachbarten Landesteile	15	—	—	—	—	—	—	*1*	1	—	—
der Erwerbs- und Wirtschaftsgenossenschaften im Reg.-Bez. Magdeburg usw.	27	—	—	*1*	—	*1*	—	*1*	—	—	—
der Erwerbs- und Wirtschaftsgenossenschaften am Mittelrhein	38	—	—	—	—	—	—	*2*	5	—	—
der Norddeutschen Erwerbs- und Wirtschaftsgenossenschaften	28	—	—	—	—	—	—	*2*	3	—	—
der Vorschuß- und Kreditvereine von Nordwestdeutschland	26	—	—	—	2	—	—	*2*	—	—	—
der Oberbadischen Erwerbs- und Wirtschaftsgenossenschaften	24	—	—	—	—	—	—	*3*	5	—	—
der Ost- und westpreußischen Erwerbs- und Wirtschaftsgenossenschaften	50	—	—	—	—	—	—	*1*	4	—	—
Pfälzischer Erwerbs- und Wirtschaftsgenossenschaften	21	—	—	—	—	—	—	—	2	—	1
der Vorschuß- und Kreditvereine von Pommern und Brandenburg	29	—	—	—	—	—	—	—	—	—	—
der Deutschen Erwerbs- und Wirtschaftsgenossenschaften der Provinz Posen	27	—	—	—	—	—	—	*3*	5	—	—
der Kreditgenossenschaften von Rheinland, Westfalen, Lippe und Waldeck	12	—	—	—	1	—	—	*1*	3	—	—
der Vorschußvereine in der Provinz Sachsen und Herzogtum Anhalt	15	—	—	—	—	—	—	*1*	3	—	—
Sächsischer Erwerbs- und Wirtschaftsgenossenschaften	18	—	—	—	2	—	—	*4*	3	—	—
der Erwerbs- und Wirtschaftsgenossenschaften Schlesiens	52	—	—	*1*	—	—	—	*2*	7	—	—
der Erwerbs- und Wirtschaftsgenossenschaften der Prov. Starkenburg und Oberhessen	18	—	—	—	—	—	—	*2*	1	—	—
Thüringischer Vorschußvereine	54	—	—	—	2	—	—	*1*	1	—	—
der Unterbadischen Kreditgenossenschaften	42	—	—	—	—	—	—	*1*	1	—	—
der Kreditgenossenschaften v. Westbrandenburg und angrenzenden Landesteilen	16	—	—	—	—	—	—	—	1	—	—
	616	—	1	*6*	**14**	*1*	—	*35*	**49**	—	1

*) Die Zahlen für 1913 sind in Kursivschrift angegeben

Unterverbände 1913 *) und 1914.

mit einer Dividende von . . . Prozent im Jahre *1913* und 1914

4½		4¾		5		5½		5⅔		6		6½		7		7½		8		9		10	
—	—	*1*	1	*3*	4	—	—	—	—	*1*	1	—	—	*1*	—	—	—	—	—	—	—	—	—
—	—	—	—	*5*	4	*1*	—	—	—	*2*	—	—	—	—	—	—	—	—	—	—	—	—	—
2	2	—	—	*5*	7	*2*	3	—	—	*6*	5	—	—	*1*	1	—	—	—	—	—	—	—	—
—	—	—	—	*5*	8	—	—	—	—	*3*	4	*2*	—	*4*	1	—	—	—	1	*1*	—	—	—
—	—	—	—	*2*	4	—	—	*1*	—	*7*	7	—	—	*4*	3	—	—	—	—	—	—	—	—
—	—	—	—	*2*	7	—	—	—	—	*9*	12	—	—	*7*	4	—	—	*4*	4	—	—	*2*	—
—	2	—	—	*6*	15	*4*	—	—	—	*7*	13	*3*	—	*9*	3	—	—	*1*	—	—	—	*1*	—
—	1	—	—	*9*	11	—	2	—	—	*11*	7	—	—	*3*	3	—	—	*4*	1	—	—	—	—
1	1	—	—	*3*	9	—	—	—	—	*12*	8	—	—	*5*	3	—	—	*2*	3	*1*	—	—	—
—	—	—	—	*10*	10	*2*	1	—	—	*10*	9	—	—	—	—	—	—	—	—	—	—	—	—
2	1	—	—	*26*	37	*1*	1	—	—	*32*	19	*1*	—	—	—	—	—	—	—	—	—	—	—
—	—	—	—	*6*	9	*2*	—	—	—	*13*	9	—	—	—	—	—	—	—	—	—	—	—	—
—	—	—	—	*8*	14	—	—	—	—	*12*	12	—	—	*7*	3	—	—	*2*	—	—	—	—	—
—	—	—	—	*5*	8	—	—	—	—	*16*	14	*1*	—	*2*	—	—	—	*1*	—	—	—	—	—
1	—	—	—	*3*	5	—	—	—	—	*4*	2	—	1	*1*	—	*1*	—	*1*	—	—	—	—	—
1	1	—	—	*2*	4	—	—	—	—	*5*	5	—	—	*5*	2	—	—	*2*	1	—	—	—	—
—	1	—	—	*3*	2	—	—	—	—	*6*	6	*2*	—	*1*	2	—	—	*2*	1	—	—	—	1
1	1	—	—	*19*	24	*3*	3	—	—	*18*	15	—	—	*7*	1	—	—	*2*	1	—	—	—	—
—	—	—	—	*7*	14	*1*	2	—	—	*8*	1	—	—	—	—	—	—	—	—	—	—	—	—
1	—	—	—	*8*	13	*2*	1	—	—	*25*	24	*1*	1	*15*	12	—	—	*2*	—	—	—	—	—
1	1	—	—	*9*	11	*1*	—	—	—	*23*	25	*2*	—	*5*	4	—	—	—	—	—	—	—	—
—	—	—	—	—	6	—	1	—	—	*11*	—	*1*	7	*2*	—	*1*	—	*1*	1	—	—	—	—
11	**11**	*1*	**1**	*146*	**226**	*19*	**14**	*1*	—	*241*	**198**	*13*	**9**	*79*	**42**	*2*	—	*24*	**13**	*2*	—	*3*	**1**

2. Teil.

Konsumvereine, Bau- und Gewerbliche Genossenschaften während des Krieges.

1. Kapitel.

Die Konsumvereine.

1. Konsumvereine und Kriegsstatistik.

Daß auch bei den Konsumvereinen der Krieg starke Einwirkungen gehabt hat, dafür lagen zahlreiche Anhaltspunkte vor.

Seitens des Allgemeinen Verbandes war schon vor dieser Kriegsstatistik der Versuch gemacht worden, sich durch Umfragen über wichtige Punkte dieser Entwicklung und über den Einfluß des Krieges Kenntnis zu verschaffen. Es ergingen folgende Rundfragen: Die Konsumvereine während der ersten Kriegsmonate (November 1914). Die Konsumvereine während der Kriegsmonate August 1914 bis Juni 1915 (Juni 1915). Der Einfluß der Konsumvereine auf die Preisgestaltung (Oktober 1915). Der feste Rabatt der Konsumvereine während des Krieges (April 1916).

In umfassenderer Weise wendet sich die vorliegende Kriegsstatistik an die Konsumvereine. Der herausgegangene Fragebogen beschäftigte sich mit folgenden Fragen:

Firma der Genossenschaft: **November 1915.**

Kriegsstatistik.

Konsumvereine.

1. Welchen Umsatz hat die Genossenschaft im Warengeschäft erzielt?

in der Zeit		
vom 15. 7. **1914** bis 15. 8. **1914**	....	M
16. 8. 1914 " 30. 9. 1914	....	
1. 10. 1914 " 31. 12. 1914	....	
15. 7. **1913** " 15. 8. **1913**	....	
16. 8. 1913 " 30. 9. 1913	....	
1. 10. 1913 " 31. 12. 1913	....	

a) Wie hoch ist die Preissteigerung der Waren von 1913 zu 1914 ungefähr zu schätzen? (In Prozenten ausgedrückt.)

b) Wie hoch war die durchschnittliche jährliche Warenentnahme pro Mitglied? 1913 .... 1914 ....

c) Wie wird der Einfluß des Krieges auf das jetzige Einkommen der Mitglieder geschätzt?
Um wieviel Prozent hat es sich verringert?
Ist die Zahl der Mitglieder groß, die ein größeres Einkommen als im Frieden haben?

d) Wieviele Mitglieder oder Familienangehörige von Mitgliedern stehen im Felde? (in runden Zahlen).

e) Hierdurch verringert sich der Bedarf des Mitgliedes um welchen Prozentsatz im Verhältnis zur Kaufkraft von 191?

2. Höhe der Abhebungen im Sparkassenverkehr in der Zeit
vom 15. 7. **1914** bis 15. 8. **1914** .... ℳ
16. 8. 1914 „ 30. 9. 1914 ....
1. 10. 1914 „ **31. 12. 1914** ....
15. 7. **1913** „ 15. 8. **1913** ....
16. 8. 1913 „ 30. 9. 1913 ....
„ 1. 10. 1913 „ 31. 12. 1913 ....

3. Zahl der Posten der Abhebungen in der Zeit
vom 15. 7. **1914** bis 15. 8. **1914** .... ℳ
16. 8. 1914 „ 30. 9. 1914 ....
1. 10. 1914 „ 31. 12. 1914 ....
15. 7. **1913** „ 15. 8. **1913** ....
16. 8. 1913 „ 30. 9. 1913 ....
„ 1. 10. 1913 „ 31. 12. 1913 ....

4. Höhe der Einzahlungen im Sparkassenverkehr in der Zeit
vom 15. 7. **1914** bis 15. 8. **1914** .... ℳ
16. 8. 1914 „ 30. 9. 1914 ....
1. 10. 1914 „ 31. 12. 1914 ....
15. 7. **1913** „ 15. 8. **1913** ....
16. 8. 1913 30. 9. 1913 ....
„ 1. 10. 1913 „ 31. 12. 1913 ....

5. Zahl der Posten der Einzahlungen in der Zeit
vom 15. 7. **1914** bis 15. 8. **1914** .... ℳ
16. 8. 1914 „ 30. 9. 1914 ....
1. 10. 1914 „ 31. 12. 1914 ....
15. 7. **1913** 15. 8. **1913** ....
16. 8. 1913 „ 30. 9. 1913 ....
„ 1. 10. 1913 „ 31. 12. 1913 ....

6. Fand ein Ansturm auf die Sparkassen statt?
7. Welche Beschränkungen für Auszahlungen wurden vorgesehen?
8. Welche Maßnahmen wurden getroffen, um allzugroßen Warenentnahmen der Mitglieder beim Kriegsausbruch entgegenzuwirken?
9. Trat ein Mangel an Waren ein?
   Wie lange dauerte er?
   Wie wurde er behoben?
   In welchen Artikeln ist hauptsächlich Mangel eingetreten?
10. Ist eine Herabsetzung der Rabattrückgewähr erfolgt?
    Um wieviel Prozent?
11. Wie hoch sind die Außenstände bei Mitgliedern für gelieferte Waren? am 31. Juli 1914......... am 31. Dezember 1914............... am 31. Juli 1915................
12. Sind Lieferungen für die Heeresverwaltung erfolgt?
    Welcher Art sind diese Lieferungen?
    Haben die vorhandenen Betriebsmittel hierfür ausgereicht?
    Wodurch ist gegebenenfalls der Mehrbedarf aufgebracht worden?

Firma der Genossenschaft: **November 1915.**

Kriegsstatistik.

Für alle Genossenschaften.

1. Zahl der Beitrittserklärungen:
   1913.................. 1914.................. 1915 (bis 1. November)..................
2. Zahl der Kündigungen:
   1913 1914.................. 1915 (bis 1. November)..........
3. Zahl der Todesfälle:
   1913.................. 1914.................. 1915 (bis 1. November)..................
   infolge des Krieges..................
4. Zahl der Ausschließungen:
   1913.................. 1914.................. 1915 (bis 1. November).....
5. Höhe der Dividende:
   für das Geschäftsjahr 1913.................. 1914..................
6. Höhe des Reingewinnes:
   für das Geschäftsjahr 1913.................. 1914..................
7. Höhe der Überweisungen an die Reserven:
   im Geschäftsjahr 1913.................. 1914..................

Die Zahl der dem Allgemeinen Verband angeschlossenen Konsumvereine ist gegenüber der Gesamtzahl aller Konsumvereine verhältnismäßig gering. Die Hälfte (128) dieser Vereine hat zur vorliegenden Kriegsstatistik berichtet. Von den eingegangenen Berichten waren 115 so vollständig, daß sie sich als Vergleichsmaterial verwerten ließen.

Es berichteten von den einzelnen Verbänden:

Tabelle 21.

Verbände	Genossenschaften	
	vollständig	unvollständig
Konsumvereinsverband von Brandenburg, Pommern und angrenzenden Landesteilen	7	1
Verband der Konsumvereine der Lausitz und der angrenzenden Provinzen und Landesteile	7	2
" Rheinisch-westfälischer Konsumvereine	18	5
" der Konsumvereine der Provinz Sachsen und der angrenzenden Provinzen und Staaten	54	5
" der Konsumvereine der Provinz Schlesien	14	—
" der Konsumvereine für Bayern, Württemberg, Baden und angrenzenden Bundesstaaten	13	—
Keinem Unterverband angehörend	2	
	115	13

2. Der Krieg und die Mitgliederbewegung.

Es entspricht der Natur der Genossenschaft als einer Personalgesellschaft zunächst einmal zu prüfen, in welchem Maße der Krieg auf die Grundlagen der Genossenschaft, den Mitgliederkreis, Einfluß ausgeübt hat. Während, wie oben gezeigt, die Entwickelung der Kreditgenossenschaften während des Krieges zu einem gewissen Stillstand gekommen war, teilweise sogar sich ein Rückgang bemerkbar machte, kann man bei den Konsumvereinen ein entgegengesetztes Bild beobachten (vergl. Tab. 22).

Die Gründe für diese Erscheinung sind in den allgemeinen wirtschaftlichen Verhältnissen zu suchen. Die mit der Dauer des Krieges immer mehr zunehmenden Schwierigkeiten in der Lebensmittelbeschaffung waren die beste Propaganda für die Konsumvereine. Wenn auch die Konsumvereine zunächst unter dem allgemeinen Warenmangel gelitten haben, so waren sie doch in vielen Fällen besser imstande, diesen Mangel zu beheben, als irgend ein kleines Verkaufsgeschäft. Diese Betrachtungen gelten nur für die Zeit bis November 1915. Sie boten daher den Mitgliedern eine sicherere Befriedigung ihrer Bedürfnisse als irgend ein Kleinkaufmann. Zur Zeit, wo die Ernährungsfrage so sehr in den Vordergrund der Gesamtwirtschaft wie auch jeder Einzelwirtschaft gerückt ist, wiegt diese Tatsache sehr schwer. Da weiter der Konsumverein mit seinem auf die Mitglieder beschränkten Geschäftsverkehr einen durchweg gleichbleibenden Abnehmerkreis und feststehenden Absatz besitzt, so ist er leichter in der Lage, durch Vorsorge die Befriedigung der Nachfrage sicher zu stellen. Es entfielen damit bei den Konsumvereinen die üblen Einkaufsverhältnisse, die man, wie z. B. in Berlin, mit dem Ausdruck Polonäse zu bezeichnen pflegte.

Tabelle 22.

Mitgliederbewegung bei den Konsumvereinen in den Jahren 1913 bis 1915.

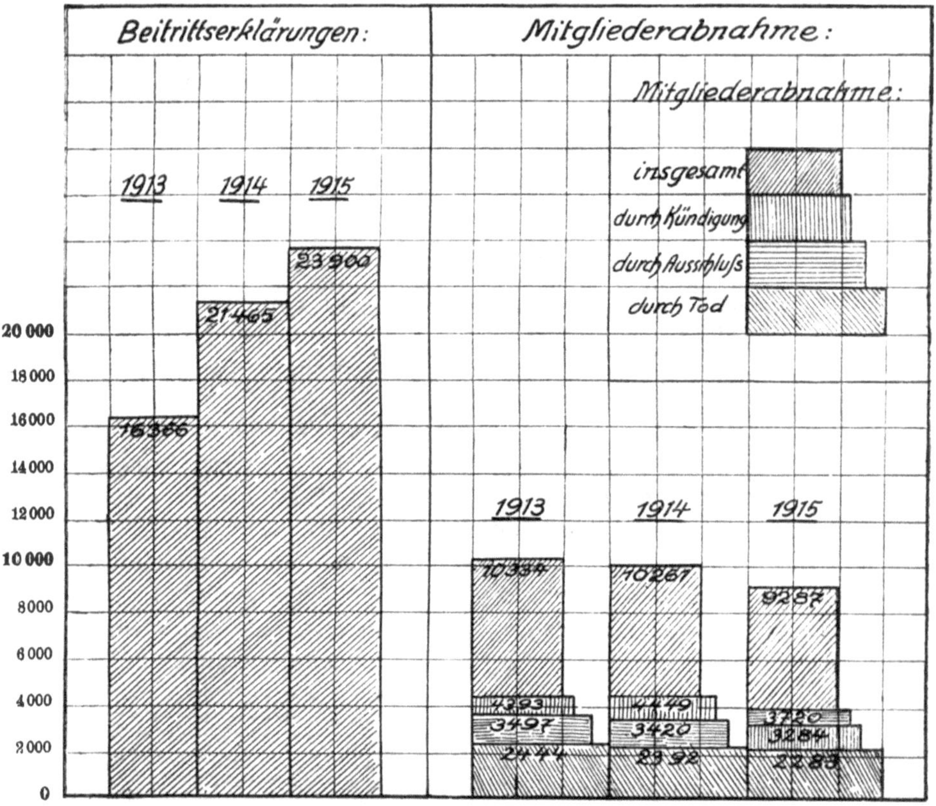

Sodann sind auch heute diejenigen Kreise dem Konsumverein beigetreten, die ihm bisher fern gestanden haben. Der Konsumverein erschien vielen sozialen Schichten lediglich als die Einkaufsgelegenheit des Arbeiters und des kleinen Mannes, der sie sich geflissentlich fernhielten. Die unglückliche Verquickung von Konsumvereinswesen im Zentralverband und Sozialdemokratie, hat weiter manchen, dem die Erkenntnis für politische und unpolitische Konsumvereine fehlte, vom Beitritt zum Konsumverein abgehalten. Nachdem sogar der Zentralverband hoffähig geworden war, ist diese soziale Hebung dem gesamten Konsumvereinswesen zugute gekommen.

Die Zahl der Beitrittserklärungen hat eine starke Zunahme zu verzeichnen, stark vor allem, wenn man bedenkt, daß eine großer Teil der Haushaltungsvorstände, die für den Beitritt zum Konsumverein vielfach maßgebend sind, im Felde stehen. Die Zunahme betrug 1913:

16 366, 1914: 21 465, 1915: 23 900. Demgegenüber aber war der Rückgang im alten Mitgliederbestand in den Kriegsjahren geringer als im Vorjahre. Er betrug 1913: 10 334, 1914: 10 261, 1915: 9 287 (vergl. Tab. 2). Vor allem gingen die Kündigungen im Jahre 1915 zurück, während sie 1914 noch mit dem Vorjahre gleichen Stand hielten. Man hatte vielfach die Befürchtung gehegt, daß vor allem die Kündigungen während des Krieges zahlreicher sein würden, daß namentlich die Mitglieder aus dem Verein austreten würden, um die Verfügung über ihr Geschäftsguthaben zu erlangen. Man befürchtete hieraus auch einen starken Rückgang in den Betriebsmitteln der Konsumvereine. Diese Befürchtungen sind nicht eingetreten. Der Konsumverein hatte gerade während der Kriegszeit seine Eignung zu einer Konsumentenpolitik erwiesen. Der Rückgang in dem Mitgliederkreis der Konsumvereine durch Ausschluß machte in allen drei Jahren den gleichen Prozentsatz des Gesamtabganges aus.

Innerhalb der einzelnen Verbände hatten vor allem die Konsumvereine in den industriereichen Gegenden (Rheinland, Westfalen, Sachsen, Schlesien) den Hauptzuwachs. Im Schlesischen Verband entfällt der Hauptzuwachs auf den Breslauer Konsumverein, der es im Kriegsjahr auf über 100 000 Mitglieder brachte (vergl. Tab. 23 S. 74).

Wie die Vereine des Allgemeinen Verbandes, verzeichnen auch diejenigen anderer Verbände einen starken Mitgliederzuwachs. Im Zentralverband deutscher Konsumvereine betrug die Mitgliederzahl bei 920 berichtenden Vereinen 1913: 1,57 Millionen, 1914: 1,73 Millionen.

3. Der Einfluß des Krieges auf die Warenbeschaffung. — Der Bezug der Waren.

Die ersten Kriegswochen haben auch den Konsumvereinen einen starken Warenmangel gebracht. Der Warenmangel in den ersten Wochen erwies sich aber in den meisten Fällen lediglich als ein vorübergehender. Über eintretenden Mangel klagen durchweg alle Vereine. Nur 17 von 118 berichtenden Vereinen geben an, keinen Mangel gehabt zu haben. Der Mangel trat durchweg in den gleichen Artikeln auf. Es sind dies Fettwaren, Mehl, Hülsenfrüchte, Petroleum, Futtermittel, Reis, vereinzelt auch Seife. Zurückzuführen war dieser Mangel einesteils auf die starke Warenentnahme der Mitglieder in den ersten Tagen, in denen in der unsinnigsten Weise gehamstert wurde, zum andern Teil lag der Mangel begründet in den Transportschwierigkeiten, die es verhinderten, Ware heranzubringen. Durchweg konnte daher dieser Mangel behoben werden (bei 71 der berichtenden Genossenschaften), sobald die Transportverhältnisse wieder normal wurden. Bei einzelnen Genossenschaften brachte die Einführung der Brotkarte ein Ende des Mangels, bei einer Genossenschaft die Aufhebung der Beschlagnahme der Hülsenfrüchte durch die Heeresverwaltung. Der Mangel dauerte denn auch in Anbetracht der Gründe seines Entstehens durchweg nur einige Wochen. Mit Eintritt friedlicher Transportverhältnisse gestaltete sich die Warenverteilung wieder besser. Die vorliegende Erörterung erstreckt sich nur auf die erste Kriegszeit. Die Frage, wie der Krieg in seinem weiteren Verlauf mit der gesamten Organisierung unserer Lebensmittel auf den Warenbezug eingewirkt hat, muß einer späteren statistischen Erfassung vorbehalten bleiben.

Die Preisgestaltung.

Von besonderer Bedeutung für die Konsumvereine während des Krieges, vor allem während der ersten Kriegsmonate, war die Preisgestaltung.

Die Beantwortung der Frage, welchen Einfluß die Preisgestaltung auf die Konsumvereine hatte, kann an dieser Stelle nur ganz allgemein ausfallen. Es wäre zunächst eine genaue Nachprüfung der Preisbewegung überhaupt notwendig.

Alle Konsumvereine berichten über Preisaufschläge. Diese bewegen sich von 2 % bis 300 % hinauf. Ob und inwieweit die Konsumvereine diese Preissteigerung mitgemacht haben, läßt sich zahlenmäßig aus der Statistik nicht sagen. Die einzelnen Berichte der Konsumvereine ergeben jedoch, daß diese vielfach die Preissteigerung nicht mitgemacht haben, oder regulierend auf den Preis durch eigene Preispolitik einzuwirken wußten.

Der Einfluß des Krieges auf die Mitglieder. Militärdienstpflicht.

Von Bedeutung für den Geschäftsbetrieb der Genossenschaften war u. a. auch, daß zahlreiche Mitglieder oder Familienzugehörige von Mitgliedern zum Militärdienst eingezogen waren und damit der Versorgung durch den Konsumverein entzogen wurden. Im ganzen waren es bei den berichtenden Vereinen 22 419, das wären etwa rund 10 % ihrer Mitgliederzahl. Nun ergibt an sich die Mitgliederzahl noch nicht diejenige Zahl von Menschen, für deren Versorgung der Konsumverein in Frage kommt, da meistens nur die Familienvorstände die Mitgliedschaft besitzen. Es entspricht daher der Fortfall der Feldzugsteilnehmer noch nicht einem 10 %igen Rückgang des Bestandes der zu Versorgenden. Rechnet man bei jedem Mitglied nur einen Versorgungskreis von

4 Köpfen, so bedeutet der Fortzug zum Heere nur $2^1/_2$ % Verminderung im Versorgungskreis der Konsumvereine, wobei allerdings zu beachten bleibt, daß vielfach das Familienoberhaupt der stärkste Verbraucher ist.

Die Einkommengestaltung der Mitglieder.

Da die Umsätze bei dem Konsumverein in weitgehendem Maße durch die Höhe des Einkommens seiner Mitglieder bestimmt werden, so konnte der Einfluß, den der Krieg auf die Einkommen der Mitglieder ausübte, nicht ohne Rückwirkung auch auf die Konsumvereine bleiben.

Zunächst ist es unzweifelhaft, daß der Krieg das Einkommen zahlreicher Existenzen berührt hat und starke Verschiebungen der Einkommen — sei es nach oben oder nach unten —, eingetreten sind.

Die Frage, inwieweit eine solche Erscheinung auch bezüglich des Einkommens der Mitglieder eines Konsumvereins eingetreten ist, konnte von den Genossenschaften naturgemäß nur schätzungsweise beantwortet werden. Viele der berichtenden Genossenschaften haben wohl mit Rücksicht auf die Schwierigkeit der Schätzung die Beantwortung dieser Frage unterlassen (18 von den berichtenden 111).

Fast die größere Zahl der Vereine (50 von 111) stellt fest, daß das Einkommen ein gleiches geblieben sei. Diese Antwort stammt vor allem aus den Beamtenkonsumvereinen oder solchen, bei denen das Beamtenelement die Hauptrolle spielt. Ausnahmen liegen hier nur insoweit vor, als Teuerungszulagen eingeführt sind oder die Beamten zur Dienstleistung in Okkupationsgebieten abkommandiert waren und dadurch höheres Einkommen hatten. Die Zahl der Vereine, die über ein höheres bezw. minderes Einkommen ihrer Mitglieder gegenüber dem Friedensjahr 1913 berichten, ist fast gleich. Über Mehreinkommen berichten 28, über minderes 33 von 111 berichtenden Vereinen! Betrachtet man die Vereine, die über ein höheres Einkommen ihrer Mitglieder berichten, so zeigt es sich, daß es vor allem diejenigen sind, deren Mitglieder sich aus den Kreisen der Landwirte, landwirtschaftlichen Arbeitern und Industriearbeitern zusammensetzen. Die Gründe hierfür liegen sehr einfach in den höheren Preisen für alle landwirtschaftlichen Produkte und den höheren Arbeitslöhnen, die vor allem in den Industrien, die für Heereslieferungen arbeiten, ganz beträchtliche Höhen erreichten. Die Einkommensteigerung wird dabei teilweise auf 100 % geschätzt.

Diese Einkommensteigerung bei den Mitgliedern erstreckt sich vielfach auf den größten Teil der Mitglieder der betreffenden berichtenden Genossenschaft. Die Erklärung hierfür liegt darin, daß in den betreffenden Vereinen in solchen Fällen durchweg gleichartige Erwerbskreise vertreten waren, vor allem dort, wo es sich um kleine Konsumvereine handelte, sodaß der Aufschwung in dem betreffenden Arbeitszweige gleichmäßig allen Mitgliedern zugute kam, so z. B. bei den Arbeiterkonsumvereinen in industriereichen Gegenden oder mit stark ländlichem Mitgliederkreis.

An sich bieten diese Berichte einen günstigen Ausblick für den Stand unserer Volkswirtschaft im allgemeinen. Sie ergeben, daß die gesteigerten Lebensmittelpreise wenigstens bei einem Teil unserer Bevölkerung durch eine entsprechende Einkommensteigerung wieder ausgeglichen worden ist (oder wirkt hier umgekehrt auch das eherne Lohngesetz?).

Die über Mindereinkommen ihrer Mitglieder berichtenden Vereine haben ihren Mitgliederbestand vor allem aus den Kreisen des selbständigen Kleingewerbes. Der Rückgang in den Einkommen geht zurück vor allem auf die verminderte Arbeitsgelegenheit. Dann aber spielt bei den Einzelhandwerkern vor allem auch die Einberufung zum Heere eine große Rolle, da hier gewöhnlich der gesamte Betrieb lahmgelegt wurde, sodaß sich hieraus der Einkommenrückgang erklärt. Bei den Landwirten und auch bei den Industriearbeitern spielt die Einberufung durchweg nicht die große Rolle für die Einkommengestaltung, da hier vielfach die Frauen in der Lage waren, entweder den Betrieb des Mannes fortzusetzen, so in der Landwirtschaft, oder wie bei den Arbeitern, selbst eine Arbeitsstelle zu übernehmen (vor allem bei der Waffen- und Munitionsfabrikation), was bei der Nachfrage nach Arbeitskräften kaum auf Schwierigkeiten stieß, beides Wege, die der Handwerkerfrau entweder aus handwerkschaftlichen oder sozialen Gründen verschlossen sind.

Der Einkommenrückgang wird vereinzelt auf 50 % geschätzt.

Der Verkehr zwischen Vereinen und Mitgliedern während des Krieges. Warenumsatz in den ersten Kriegstagen.

Bekannt ist, daß bei Ausbruch des Krieges in der unsinnigsten Weise ein Wareneinkauf seitens des Publikums stattfand, daß dabei Waren auf Lager gekauft wurden, an denen kein Mangel und in absehbarer Zeit auch keiner zu erwarten war, wie z. B. Salz, Zucker, Mehl, Hülsenfrüchte, Räucherwaren, Kaffee. Infolge dieses Hamsterns teilweise auch infolge Wuchers, haben die Preise für diese Artikel in einer Weise angezogen, die nicht mehr einer wirtschaftlichen Preisbildung entsprach. Auch die Konsumvereine haben sehr unter diesen Angsteinkäufen zu leiden gehabt. Das Bild ist das gleiche in der Stadt wie auf dem Lande. Erst die Entwicklung der militärischen Lage und die damit einhergehende Beruhigung des Publikums hat dazu geführt diese unsinnigen Einkäufe abzuschwächen. Bis dahin waren aber die Konsumvereine bereits gezwungen, ihrerseits Maßregeln dagegen zu ergreifen. Diese Maßregeln bestanden vor allem in einer Beschränkung der Quantität bei der Warenabgabe. Nur 3 von den berichtenden Konsumvereinen haben keine Beschränkung eingeführt. Bei einigen (2) hat man durch Ausgabe von Karten Ordnung in das wildeste Einkaufschaos zu bringen versucht. Wenn auch dieses Hamstern durchweg nach kurzer Zeit nachließ, so hatten die Masseneinkäufe doch zur Folge, daß der Warenumsatz in den fraglichen Tagen sehr stark stieg und der Umsatz in der Zeit vom 15. Juli bis 15. August 1914 durchweg über den des Vorjahres hinausging (vergl. Tab. 23).

Der gesamte Warenumsatz.

Nach ungefähr 2 Wöchen verlief der Wareneinkauf wieder gleichmäßig. Betrachtet man die Entwickelung des Warenumsatzes in der Zeit vom 15. Juli 1914 bis Ablauf des Jahres, so ergibt sich ein Rückgang des Warenumsatzes gegenüber dem des Vorjahres in der gleichen Zeit (vergl. Tab. 24). Die Beobachtung eines solchen Warenrückganges bei den Konsumvereinen des Allgemeinen deutschen Genossenschaftsverbandes deckt sich mit der Feststellung, die der Zentralverband im Wege einer Sondererhebung gemacht hat.

Der Rückgang des Warenumsatzes ist nicht gleichmäßig bei allen Verbänden und Vereinen. Einzelne haben geringe Steigerung des Warenumsatzes zu verzeichnen, so z. B. der Verband schlesischer Konsumvereine. Aber auch hier entfällt die Steigerung nur auf wenige Vereine. Wo bei den Vereinen eine Steigerung ihres Umsatzes vorliegt, haben besondere Verhältnisse mitgesprochen. Gesteigerten Warenumsatz hatten z. B. die Vereine in industriereichen Gegenden, in denen Arbeiter mit besonders hohen und gesteigerten Arbeitslöhnen Mitglieder des Vereins waren. Beamtenkonsumvereine verzeichnen durchweg den stärksten Warenumsatzrückgang. Bei Vereinen mit handwerkschaftlichen Mitgliedern ist es unterschiedlich, doch überwiegt ein Rückgang im Warenumsatz.

Das Kennzeichnende für das Kriegsjahr 1914 ist also der Rückgang im Wert des Warenumsatzes. Dabei ist zu beachten, daß die Zahl der Mitglieder der Konsumvereine in der fraglichen Zeit gestiegen, der Ausfall des Versorgungskreises durch Einziehung zum Militärdienst nur gering ist und auch die Preise für die Waren stark gestiegen sind.

Tabelle 23.

Mitgliederbewegung bei den einzelnen Konsumvereinsverbänden.

Verbände	Berichtende Vereine	Beitrittserklärungen 1913	Beitrittserklärungen 1914	Beitrittserklärungen 1915	Mitgliederabgang 1913	Mitgliederabgang 1914	Mitgliederabgang 1915	Zuwachs bezw. Rückgang 1913	Zuwachs bezw. Rückgang 1914	Zuwachs bezw. Rückgang 1915
Konsumvereinsverband von Brandenburg, Pommern und angrenzenden Landesteilen	7	398	342	245	360	401	274	+ 38	— 59	— 29
Verband der Konsumvereine der Lausitz und der angrenzenden Provinzen und Landesteile	7	171	195	190	263	197	100	— 92	— 2	+ 90
Rheinisch-westfälischer Konsumvereine	18	1 270	1 071	752	696	691	528	+ 574	+ 380	+ 224
der Konsumvereine der Provinz Sachsen und der angrenzenden Provinzen und Staaten	57	2 174	2 631	2 981	1 745	1 743	1 472	+ 429	+ 888	+ 1 509
der Konsumvereine der Provinz Schlesien und der benachbarten preußischen Provinzen	14	8 683	15 134	17 923	5 649	5 520	5 114	+ 3 034	+ 9 614	+ 12 809
der Konsumvereine in Bayern, Württemberg, Baden und angrenzenden Bundesstaaten	13	3 670	2 092	1 808	1 648	1 708	1 795	+ 2 022	+ 384	+ 13
	116	**16 366**	**21 465**	**23 899**	**10 361**	**10 260**	**9 283**	**+ 6 005**	**+ 11 205**	**+ 14 616**

Tabelle 24.

Warenumsatz bei den einzelnen Konsumvereinsverbänden in der Zeit vom 15. 7. bis 15. 8. 1913 bezw. 1914.

Verbände	Berichtende Vereine	15. 7. bis 15. 8. 1913 ℳ	15. 7. bis 15. 8. 1914 ℳ
Konsumvereinsverband von Brandenburg, Pommern und angrenzenden Landesteilen	8	122 481	125 368
Verband der Konsumvereine der Lausitz und der angrenzenden Provinzen und Landesteile	10	102 244	103 171
„ Rheinisch-westfälischer Konsumvereine	23	511 397	542 886
„ der Konsumvereine der Provinz Sachsen und der angrenzenden Provinzen und Staaten	52	709 237	785 731
„ der Konsumvereine der Provinz Schlesien und der benachbarten preußischen Provinzen	14	2 290 258	2 427 168
„ der Konsumvereine in Bayern, Württemberg, Baden und angrenzenden Bundesstaaten	11	734 894	881 954
	118	**4 470 511**	**4 866 278**

Tabelle 25.

Warenumsatz innerhalb der Konsumvereinsverbände vom 15. 7. bis 31. 12. 1913 bezw. 1914 (in Mark).

Verbände	Berichtende Vereine	1913: 15. 7. bis 15. 8.	16. 8. bis 30. 9.	1. 10. bis 31. 12.	Zusammen
Konsumvereinsverband v. Brandenburg, Pommern und angrenzenden Landesteilen . .	8	122 481	188 885	397 994	709 360
Verband der Konsumvereine der Lausitz und der angrenzenden Provinzen und Landesteile . . .	10	102 244	142 050	320 229	564 523
Rheinisch-westfälischer Konsumvereine	23	511 397	735 213	1 672 232	2 918 842
der Konsumvereine der Provinz Sachsen und der angrenzenden Provinzen und Staaten .	52	709 237	1 128 715	2 301 041	4 138 993
der Konsumvereine der Provinz Schlesien und der benachbarten preußischen Provinzen . .	14	2 290 258	3 568 625	7 783 780	13 642 663
der Konsumvereine in Bayern, Württemberg, Baden und angrenzenden Bundesstaaten . .	11	734 894	1 111 939	2 463 901	4 310 734
	118	**4 470 511**	**6 875 427**	**14 939 177**	**26 285 125**

Verbände		1914			
Konsumvereinsverband v. Brandenburg, Pommern und angrenzenden Landesteilen . .	8	125 368	178 570	372 352	676 290
Verband der Konsumvereine der Lausitz und der angrenzenden Provinzen und Landesteile . . .	10	103 171	132 216	305 229	540 616
Rheinisch-westfälischer Konsumvereine	23	542 886	668 851	1 602 412	2 814 149
der Konsumvereine der Provinz Sachsen und der angrenzenden Provinzen und Staaten .	52	785 731	931 185	2 355 840	4 072 756
der Konsumvereine der Provinz Schlesien und der benachbarten preußischen Provinzen . .	14	2 427 168	3 611 675	8 174 219	14 213 062
der Konsumvereine in Bayern, Württemberg, Baden und angrenzenden Bundesstaaten . .	11	881 954	862 687	2 149 127	3 893 768
	118	**4 866 278**	**6 385 184**	**14 959 179**	**26 210 641**

Dies alles würde bei gleichbleibendem Absatz einen höheren Wert des Warenumsatzes bedingen. Der Rückgang kann daher nur eingetreten sein durch Einschränkung in der Lebenshaltung, die auch durch eine Steigerung des Einkommens einzelner Mitglieder nicht aufgehoben wurde.

Durchschnittlicher Warenumsatz der Mitglieder.

Die statistische Nachprüfung ergibt denn auch, daß die durchschnittliche jährliche Warenentnahme pro Mitglied zurückgegangen ist. Der Wert der durchschnittlichen Warenentnahme betrug 1913 373 *M*, 1914 nur 335 *M*. Wie sich innerhalb der einzelnen Unterverbände das Ergebnis stellt, zeigt die Tab. 25.

Von den Verbänden hat somit nur der Verband für Sachsen sowie der Verband für Bayern, Württemberg und Baden eine geringe Steigerung zu verzeichnen. Überwiegend gaben aber alle Vereine einen Rückgang in der durchschnittlichen Warenentnahme an.

Die Außenstände bei Mitgliedern.

Auch auf den Schuldenbestand der Mitglieder bei den Genossenschaften ist der Krieg von Einfluß gewesen, doch läßt sich aus dem Material kein einheitliches Bild erzielen. Das einzige, was man übereinstimmend für alle Verbände und innerhalb der Verbände für den überwiegenden Teil der Vereine feststellen kann, ist ein Rückgang der Schuldenhöhe am 31. Juli 1915 gegenüber dem gleichen Tag des Vorjahres. Aber gerade dieses Resultat ist sehr mit Vorsicht zu verwerten, da zu dieser Frage sich nur sehr wenige Vereine geäußert haben (30 von den berichtenden Vereinen). Die Angabe von absoluten Zahlen erübrigt sich in Anbetracht des geringen Vergleichsmaterials. Soweit die Vereine und Verbände am 31. Juli 1915 einen Rückgang der Schuldenhöhe gegenüber dem Vorjahr nachweisen, ist dieser wohl auf die stärkere Durchführung des Prinzips der Barzahlung zurückzuführen, welches Prinzip ja vor allem während des Krieges eifrig gefördert worden ist.

Der Sparkassenverkehr.

Der Sparkassenverkehr hat bei den Konsumvereinen des Allgemeinen deutschen Genossenschaftsverbandes nie eine sehr große Rolle gespielt. Es war immerhin zu befürchten, daß diejenigen Vereine, die einen solchen pflegten, durch die Abhebungen, vor allem auch der ersten Tage des Krieges, in eine unangenehme Lage kämen. Vor allem war zu beachten, daß, soweit ein Sparkassenverkehr vorlag, es sich durchgängig nur um einen solchen mit kleinen und kleinsten Beträgen handelte, wie denn auch vielfach der Warenrabatt und die Dividende von den Mitgliedern als Spareinlagen stehen gelassen werden. Gerade aber von den kleinen Sparern war in verschärftem Maße ein Andrang zu den Sparkassen zu befürchten, wie sich dies denn auch bei den Kreditgenossenschaften ergeben hat. Auch der Drang zum Hamstern mag manchen verleitet haben, seinen kleinen Sparbetrag zur Beschaffung von Lebensmitteln abzuheben.

Im ganzen berichten nur 17 Konsumvereine über den Sparkassenverkehr. Die Nachprüfung ergibt, daß es sich hierbei vielfach nicht um einen regulären Sparkassenverkehr handelt. Seitens der Konsumvereine werden vielmehr vielfach nur die Rabatte und Dividenden vom Tage der Fälligkeit an den einzelnen Mitgliedern verzinst und können die Mitglieder sie bei der Genossenschaft stehen lassen, wobei allerdings viele Vereine die Bestimmung haben, daß nur bis zu einem gewissen Betrage solche Guthaben vorhanden sein dürfen. Da die Vereine vielfach bei den Fragebogen solche verzinsbaren Rabatte und Dividenden als Spargelder bezeichnen, ergeben sich bei der Zusammenstellung teilweise recht hohe Zahlen von Abhebungen. Die absoluten für die Kriegsstatistik angegebenen Zahlen lassen sich daher schlecht verwerten. Die Nachprüfung bei den einzelnen Vereinen ergibt aber, daß Schwierigkeiten aus dem Sparkassenverkehr ihnen nicht erwachsen sind. Dies bestätigt das Ergebnis, das eine schon früher erfolgte Rundfrage bei den Vereinen erbracht hatte (vergl. BlfG. 1914 S. 782, Jahrbuch für 1914 S. 45).

Vergleicht man die Zahlen und Beträge der Abhebungen in der Zeit vom 15. Juli bis 15. August sowie vom 16. August bis 30. September, vom 1. Oktober bis 31. Dezember 1913 mit denen in der gleichen Zeit von 1914, so ergibt sich, daß die Mitglieder in den Kriegsjahren seltener davon Gebrauch gemacht haben, Rabatt und Dividenden bei den Konsumvereinen stehen zu lassen. Auch denjenigen Vereinen, die mit diesen Beträgen als Betriebsmittel gerechnet haben, sind Schwierigkeiten aus der Entziehung bezw. Nichtbelassung nicht erwachsen.

Kassenstürme, Beschränkungen bei der Auszahlung.

4 Konsumvereine berichten über einen Sturm auf ihre Sparkassen. 10 Konsumvereine berichten von Beschränkungen bei der Auszahlung von Spargeldern. Bei 5 Vereinen bestanden diese Beschränkungen lediglich in der Einhaltung der schon in den Statuten vorgesehenen Einschränkungen, von denen man in ruhigen Zeiten durchweg keinen Gebrauch gemacht hatte. 3 Vereine hatten Teilzahlungen eingeführt 1 Verein dreimonatliche Kündigung verlangt.

Konsumvereine und Heereslieferungen.

Die Konsumvereine hatten sich teilweise in den Dienst der Allgemeinheit bei der Verteilung von Lebensmitteln gestellt. Ihre Einrichtungen befähigten sie aber auch, vielfach mit Militärbehörden in Verbindung zu treten, um Lieferungen an diese, besonders an Lebensmitteln, zu übernehmen. Daß die Zahl solcher Genossenschaften nicht groß sein kann, liegt in der Natur der Sache. Von den zur Kriegsstatistik berichtenden Konsumvereinen machen 7 Angaben über solche Heereslieferungen. 2 Genossenschaften hatten Lieferungen von Lebensmitteln an Gefangenenlager. 1 Konsumverein lieferte Hafer, einer Wollgarn und einer Hülsenfrüchte, einer Fleisch- und Wurstwaren, einer lieferte Brot, und die dem Verein gehörige Mühle arbeitete für die Kriegsgetreidegesellschaft. Diese Lieferungen konnten mit den vorhandenen Betriebsmitteln ausgeführt werden.

Entwicklung der Konsumvereine, Geschäftsgewinne, Reservefonds, Rabatte.

Der Rückgang in dem Warenumsatz im Jahre 1914 konnte nicht ohne Einfluß auf die Reingewinne der Konsumvereine bleiben. Das Jahr 1914 verzeichnet einen Reingewinn von 2 193 822 *M* gegen 2 348 733 *M* des Vorjahres. Der Rückgang verteilt sich durchweg auf alle Verbände und alle Vereine (vergl. Tab. 26). Die Konsumvereine haben trotz des Rückgangs in dem Reingewinn einen erheblich höheren Betrag als im Vorjahr ihren Reservefonds zugeteilt: 599 000 *M* gegenüber 283 000 *M*. Ein beträchtlicher Teil dieses Zuwachses geht übrigens auf das Konto des Breslauer Konsumvereins (vergl. Tab. 27).

Auch die Dividenden- und Rabattpolitik wurde durch die Änderung in den Reingewinnen stark beeinflußt. Die Konsumvereine hatten vielfach aus steuerlichen Gründen festen Rabatt eingeführt. Vor dieser Art der Rabattfestsetzung können die Vereine nicht ernst genug gewarnt werden, da sie dadurch in schwierigen Zeiten in finanzielle Bedrängnis geraten können. In zahlreichen Fällen waren die Vereine gezwungen, von diesem festen Rabatt wieder abzugehen, dessen Erfüllung ihnen durch die rückläufigen Gewinne der Kriegsjahre unmöglich geworden ist.

12 Vereine berichten über eine Herabsetzung der Rabattrückgewähr. Wir finden eine solche Herabsetzung bis 5 %. Wie stark die Einkaufsdividenden im übrigen zurückgegangen sind, läßt sich aus der Kriegsstatistik nicht genau ersehen, da vielfach eine Trennung von Einkaufs- und Kapitaldividende nicht vorgenommen worden ist. Soweit eine solche Trennung vorliegt, zeigt es sich, daß die erstere durchweg gefallen

Tabelle 26.

Die durchschnittliche Warenentnahme 1913 und 1914.

Verbände	Berichtende Vereine	Durchschnittliche Warenentnahme pro Mitglied in Mark	
		1913	1914
Konsumvereinsverband von Brandenburg, Pommern und angrenzenden Landesteilen	8	255	240
Verband der Konsumvereine der Lausitz und der angrenzenden Provinzen und Landesteile	10	290	267
Rheinisch-westfälischer Konsumvereine	23	411	376
der Konsumvereine der Provinz Sachsen und der angrenzenden Provinzen und Staaten	53	314	320
der Konsumvereine der Provinz Schlesien und der benachbarten preußischen Provinzen	14	350	315
der Konsumvereine in Bayern, Württemberg, Baden und angrenzenden Bundesstaaten	12	293	328
	120	378	335

Tabelle 27.

Reingewinne und Reservefonds bei den Konsumvereinen.

Verbände	Berichtende Vereine	Höhe der Reingewinne		Ueberweisungen an Reservefonds	
		1913	1914	1913	1914
Konsumvereinsverband von Brandenburg, Pommern und angrenzenden Landesteilen	7	136 341	124 071	2 006	1 593
Verband der Konsumvereine der Lausitz und der angrenzenden Provinzen und Landesteile	7	87 714	58 710	4 453	3 358
Rheinisch-westfälischer Konsumvereine	18	257 958	241 607	7 682	11 955
der Konsumvereine der Provinz Sachsen und der angrenzenden Provinzen und Staaten	57	556 158	538 612	42 521	41 803
der Konsumvereine der Provinz Schlesien und der benachbarten preußischen Provinzen	14	543 961	530 303	186 166	468 172
der Konsumvereine in Bayern, Württemberg, Baden und angrenzenden Bundesstaaten	13	766 601	700 519	40 958	72 524
	116	2 348 733	2 193 822	283 786	599 405

ist. Der Rückgang ist teilweise recht erheblich. Auch die Kapitaldividenden sind teilweise zurückgegangen.

Die Konsumvereine sind wenigstens bis zur Berichtszeit (1. November 1915), gut über die Kriegsjahre hinweggekommen. Ein abschließendes Urteil über den Einfluß des Krieges überhaupt auf die Konsumvereine läßt sich natürlich heute noch nicht fällen, wo noch garnicht abzusehen ist, wie die Entwicklung unseres Wirtschaftslebens sich weiter gestalten wird, insonderheit in welchem Maße die Organisation unseres Lebensmittelmarktes weiter fortschreiten wird.

2. Kapitel.

Die Baugenossenschaften während des Krieges.

1. Lage des Wohnungsmarkts während des Krieges.

Der Krieg hat dem deutschen Wirtschaftsleben nicht nur im allgemeinen seinen Stempel aufgedrückt, sondern ganz besonders dem Bau- und Wohnungsmarkt. Das Reichs-Arbeitsblatt schreibt darüber:

„Während sich die meisten Industriezweige mit erstaunlicher Fertigkeit und Gewandtheit den neuen Verhältnissen anzupassen vermochten, war für den Baumarkt die gleiche Möglichkeit nicht gegeben. Die Anforderungen des Krieges an den Kapitalmarkt hatten naturgemäß zur Folge, daß das Kapital vom Baumarkt abfloß. Die Nachfrage nach Wohnungen ließ, im ganzen genommen, nach. Die Herstellung von Neubauten wurde infolge Arbeitermangels durch die Einziehung der Bauarbeiter zum Heeresdienst und Erhöhung der Materialpreise sehr schwierig. Es stellten sich der Neubautätigkeit große Hindernisse in den Weg, und es fehlte auch der wirtschaftliche Anreiz dazu.

Das Baugewerbe und die Baustoffindustrie mußten naturgemäß schwer in Mitleidenschaft gezogen werden. Der im Baugewerbe schon lange währende kranke Zustand hat sich während des Krieges zu einer Krisis erster Ordnung ausgewachsen. Insgesamt ergibt sich bei der Betrachtung des Baumarktes für das Jahr 1915 kein erfreuliches Bild . . . . ."

„Bildete die Beschaffung des zum Wohnungsbau notwendigen Kapitals schon seit Jahren eine der schwierigsten Aufgaben, so gestalteten sich die Verhältnisse während des Krieges noch ungünstiger. Die ersten drei Kriegsanleihen in Höhe von über 25½ Milliarden ℳ und der Übergang der Industrie zur Herstellung von Kriegsbedürfnissen, mußten mit Naturnotwendigkeit alles verfügbare Kapital an sich ziehen. Die Geldversteifung an sich war zwar nicht ungünstiger als im Jahre 1912/13, insofern der Reichsbankdiskont während des Krieges nur vorübergehend auf 6 v. H. stieg, im allgemeinen sich aber auf 5 v. H. hielt, aber die angegebene Änderung in der Betätigungsrichtung des Kapitals war für den Realkreditmarkt sehr ungünstig. Legt man den Pfandbriefumlauf der 38 deutschen Hypothekenaktienbanken als Maßstab für die Verhältnisse des Hypothekenmarktes zugrunde, so kommt man zu dem Ergebnis, daß sich die Verhältnisse hinsichtlich des Kapitalzuflusses 1915 gegen früher noch erheblich verschlechtert haben, da die Zuführung verfügbarer Hypothekenkapitalien fast ganz aufhörte . . . . . ."

„Auch seitens der Sparkassen und Versicherungsanstalten war der Kapitalzufluß zum städtischen Realkredit sehr beschränkt. Hier haben die Kriegsanleihen ebenfalls den Hauptanteil für sich in Anspruch genommen. Neues Kapital für erststellige Hypotheken hat sich während des Krieges nur in sehr geringem Umfange, für nächststellige Hypotheken nur in Ausnahmefällen gefunden . . . ."

2. Umfang und Bedeutung der vorliegenden Kriegsstatistik.

Gerade für die Baugenossenschaften hatten sich lebhafte Befürchtungen geltend gemacht, daß der Krieg im besonderen Maße ihre Entwicklung beeinflussen könnte. Die Bedenken stützten sich vor allem auf eine eventuelle rückläufige Mitgliederbewegung und eine Verminderung der Zahlungsfähigkeit der Mitglieder und die Gestaltung der geschäftlichen Lage.

Eine Statistik, die darauf abzielte, den Einfluß des Krieges zu erfassen, mußte den Zustand des genossenschaftlichen Baumarktes nachprüfen, sowie das Verhältnis der Genossen zu ihrer Genossenschaft, in Sonderheit inwieweit Mieterlasse Platz greifen mußten. Seitens des Allgemeinen Verbandes wurde daher nachstehender Fragebogen an alle dem Verbande angehörenden Bauvereine versandt.

Firma der Genossenschaft: **November 1915.**

Kriegsstatistik.

Baugenossenschaften.

1. Zahl der vorhandenen bezugsfertigen Wohnungen (einschließlich der Wohnungen in Erwerbshäusern, die noch im Eigentum der Genossenschaft sind).
   Ende 1912 .... Ende 1913 ....
   Ende 1914 .... am 1. 10. 1915

2. Davon standen Wohnungen leer:
Ende 1912 .... Ende 1913 .... Ende 1914 .... am 1. 10. 1915 ....

3. Gesamtes Mietsoll aller unter 1 aufgeführten Wohnungen (in Mark):
Ende 1912 Ende 1913 ....
Ende 1914 am 1. 10. 191 ....

4. Die Mietrückstände aus den unter 1 aufgeführten Wohnungen betrugen (in Mark):
a) insgesamt (einschl. der aufgelaufenen buchmäßigen Rückstände für die letzte Zahlungsperiode)
Ende 1912 .... Ende 1913 .... Ende 1914 ....
am 1. 10. 1915 ....
b) an wirklichen Rückständen
Ende 1912 .... Ende 1913 .... Ende 1914 ....
am 1. 10. 1915 ....

5. Die Mietverluste haben betragen
1912 1913 .... 1914 .... 1915 (bis 1. 10.) ...
hiervon entfallen
a) auf Mietverluste infolge Zahlungsunfähigkeit der Mieter
1912 .... 1913 .... 1914 .... 1915 (bis 1. 10.) ....
b) auf Mietverluste infolge Leerstehens von Wohnungen
1912 1913 ... 1914 ...... 1915 (bis 1. 10.) ....

6. Ist von seiten der Gemeinde oder einer anderen öffentlichen Körperschaft während des Krieges eine Mietbeihilfe gewährt?
Unter welchen Bedingungen für die Genossenschaft?

Firma der Genossenschaft: **November 1915.**

Kriegsstatistik.

Für alle Genossenschaften.

1. Zahl der Beitrittserklärungen:
1913 .... 1914 .... 1915 (bis 1. November) ....
2. Zahl der Kündigungen:
1913 .... 1914 1915 (bis 1. November) ....
3. Zahl der Todesfälle:
1913 .... 1914 ...... 1915 (bis 1. November) ....
infolge des Krieges ....
4. Zahl der Ausschließungen:
1913 .... 1914 .... 1915 (bis 1. November) ....
5. Höhe der Dividende:
für das Geschäftsjahr 1913 .... 1914 ....
6. Höhe des Reingewinnes:
für das Geschäftsjahr 1913 1914 ....
7. Höhe der Überweisungen an die Reserven:
im Geschäftsjahr 1913 .... 1914 ....

Von den, dem Allgemeinen Verbande angeschlossenen Bauvereinen haben sich 143 zu den vorliegenden Fragen geäußert, und zwar 141 so vollständig, daß sich die Eingänge als Vergleichsmaterial verwerten lassen. Das Material stammt aus den 4 Unterverbänden, und zwar berichteten:

Vom Verband der Baugenossenschaften Deutschlands mit 58 angeschlossenen Genossenschaften 40,

vom Verband der Baugenossenschaften von Hessen-Nassau und Süddeutschland mit 33 angeschlossenen Genossenschaften 28,

vom Verband Schleswig-Holsteinischer Genossenschaften mit 36 Vereinen 34,

vom Verband der Baugenossenschaften von Niedersachsen mit 63 angeschlossenen Genossenschaften 41.

3. Die Mitgliederbewegung bei den Baugenossenschaften.

Die Baugenossenschaftsbewegung befand sich in einer kräftigen Aufwärtsbewegung, als im August 1914 der Krieg einsetzte. Es stand zu befürchten, daß der Krieg ganz besonders schwer auf den Baugenossenschaften lasten würde. Traf doch die Genossenschaften gleichzeitig auch der Druck, der mit Beginn des Krieges vor allem den Grundbesitz belastete neben den zahlreichen Schwierigkeiten, die mit der Genossenschaft als einer Personal-Gesellschaft naturgemäß verbunden sind. Es stand zu befürchten, daß die aus den wirtschaftlichen Verhältnissen sich ergebenden Schwierigkeiten zu einem starken Abfluß der Mitglieder führen möchten. So rechnete man mit einer starken Kündigung der Mitglieder. Diese Befürchtungen haben sich nicht bewahrheitet. Hatten noch 1913 die Kündigungen bei den berichtenden Genossenschaften 2 575 betragen, so fielen sie 1914 auf 2427 und im Jahre 1915 auf 1 253. Die Gründe für diesen, auch schon bei den anderen Genossenschaften beobachteten Rückgang in der Zahl der Kündigungen können wir wohl auf die gleichen Ursachen zurückführen. In zahlreichen Fällen stand das Mitglied im Felde. Die Familie saß in der von der Genossenschaft gestellten Wohnung. Im Falle von Bedürftigkeit wurden vielfach Mietsunterstützungen gewährt, die die Kriegslasten der Kriegsteilnehmer bedeutend verminderten. Es ist erklärlich, daß auch zugleich die Zahl der Ausschließungen von Mitgliedern zurückging. Von 598 1913 auf 289 1915. Man vermied es eben, den Mitgliedern Schwierigkeiten zu bereiten.

Nur der Tod hat stärker als 1913, in den Kriegsjahren im alten Mitgliederbestande aufgeräumt. Die Steigerung war von 363 im

Jahre 1913 auf 442 in 1914, 572 in 1915. Als Kriegstodesfälle geben die Genossenschaften allein 312 an.

Insgesamt hat sich der alte Mitgliederkreis der Genossenschaften in den Kriegsjahren weniger stark gelichtet als in den Vorjahren. Es schieden aus:

1913	3 541
1914	3 158
1915	2 979.

Der Zuwachs an neuen Mitgliedern betrug im Jahre 1913 6 572. Er fiel im Jahre 1914 auf 4 875 und 1915 auf 2 334. Vergleicht man somit Ab- und Zugang, so ergibt sich, daß das Jahr 1915 einen Rückgang in dem Mitgliederbestand der Baugenossenschaften bedeutet. Einem Zuwachs von 3 131 im Jahre 1913 und von 1 717 1914, steht ein Rückgang von 645 im Jahre 1915 gegenüber (vergl. Tab. 28). Innerhalb der Verbände ist das Bild das gleiche (vergl. Tab. 29 S. 88).

Wohnungsangebot, Bestand an bezugsfreien fertigen Wohnungen.

Die Jahre 1912, 1913, wie auch die Friedensmonate 1914 waren für die Tätigkeit der Baugenossenschaften nicht ungünstig gewesen. Die Gesamtentwicklung des Baugenossenschaftswesens war in den letzten Jahren recht lebhaft gefördert worden und hatte nicht wenig auch zur Belebung der Tätigkeit in schon bestehenden Genossenschaften beigetragen. Diese Belebung zeigte sich vor allem in der Gestellung von Wohnungen. Jeweils am Jahresende waren bezugsfertige Wohnungen vorhanden:

1912	21 993
1913	23 688
1914	25 362.

Mit Kriegsausbruch machten sich alle jene Erscheinungen bei dem Baumarkte, die der Krieg gezeigtigt hatte, auch bei den Baugenossenschaften bemerkbar. Ein Stillstand in der Wohnungsgestellung trat ein, so daß bis November 1915 die Zahl der bezugsfertigen Wohnungen nur um 497 stieg.

Der buchmäßige Ertrag dieser Wohnungen (Mietsoll).

Der buchmäßige Ertrag dieser fertiggestellten Wohnungen hatte im Jahre 1913 entsprechend der Wohnungsvermehrung, gleichfalls eine Steigerung erfahren. In den Kriegsjahren sank er trotz einer Mehrgestellung von bezugsfertigen Wohnungen. Das Mietsoll betrug Ende

1912	4 647 645
1913	6 164 229
1914	6 840 044
November 1915	6 001 611.

Tabelle 28.

Mitgliederbewegung bei den Baugenossenschaften in den Jahren 1913 bis 1915.

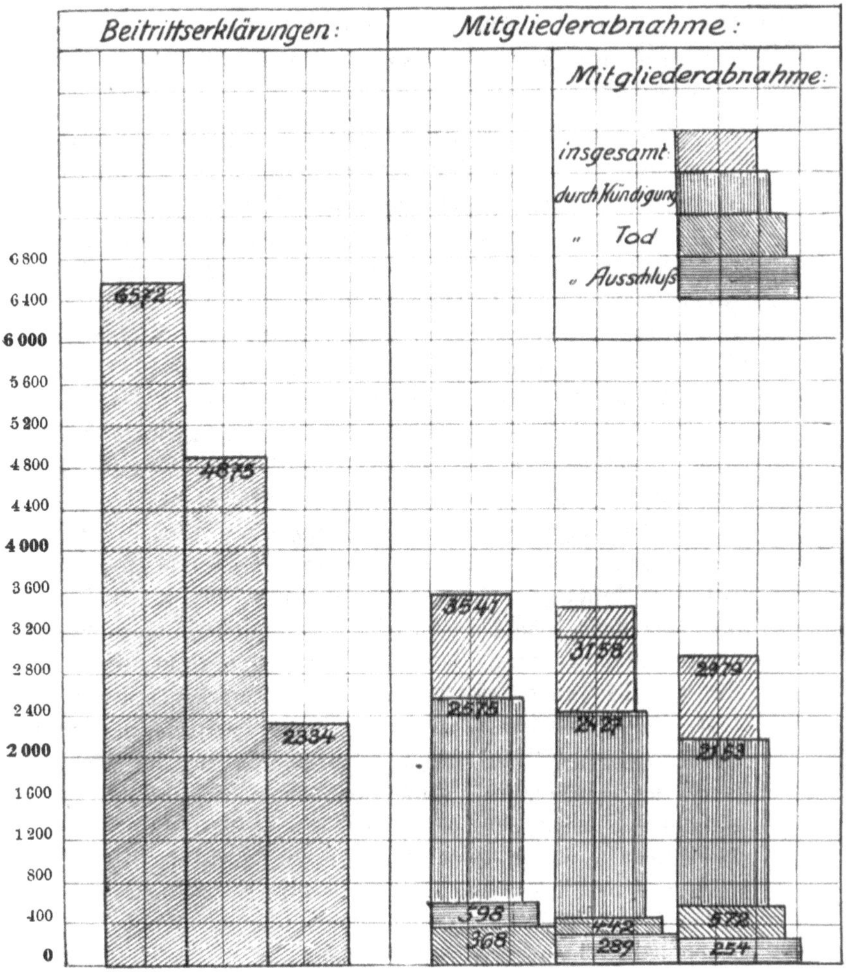

Wohnungsnachfrage, leerstehende Wohnungen.

Der Stillstand in der Schaffung von Wohnungen in der Kriegszeit ist bei den Baugenossenschaften weniger bemerkbar geworden, weil auch die Nachfrage nach Wohnungen, wie sie sich im Rückgang des Mitgliederzuwachses ausdrückt, geringer war. Das Verhältnis von Wohnungsangebot und Wohnungsnachfrage zeigt sich dann auch in der Zahl der leerstehenden Wohnungen, die in den Kriegsjahren 1914/15 eine lebhafte Steigerung erfuhr. Das Reichsarbeitsblatt Nr. 6 vom Juni 1916 berichtet:

> „Wie auf dem Baumarkt, zeigte der Krieg auch auf dem Wohnungsmarkt eine Wirkung von einschneidender Bedeutung. Die zahlreichen Einziehungen zum Heere hatten zunächst zur Folge, daß sich Haushaltungen zeitweise auflösten und die Angehörigen der Einberufenen zu Verwandten, vielfach nach anderen Orten, zogen. Bei anderen führte der Verlust des Familienhauptes oder die Steigerung in den Kosten der Lebenshaltung zur Einschränkung. In erster Linie wurde an der Miete zu sparen gesucht, sei es, daß eine kleinere Wohnung genommen wurde, oder daß man sich bemühte, eine Herabsetzung des Mietpreises herbeizuführen. Unter diesen Umständen hat der Wohnungsmarkt unter dem Einfluß des Krieges zunächst ein ganz anderes Bild als vorher. War die Leerwohnungsziffer infolge der ungünstigen Verhältnisse auf dem Baumarkt in den letzten Jahren fast überall bis zum Jahre 1914 zurückgegangen, so trat jetzt im allgemeinen ein Umschlag ein. Die Kurve schnellte, abgesehen von bestimmten Ausnahmen, empor, und die Anzahl der Leerwohnungen erreichte einen seit längerer Zeit nicht gekannten Umfang. Auf den ersten Blick zeigte sich ein erhöhtes Angebot an Wohnungen; bei genauerer Beobachtung ergibt sich dazu die schon angedeutete Abwanderung in kleinere Wohnungen. Diese Bewegung wurde dadurch begünstigt, daß durch Auflösung des Haushalts oder Wegzug vieler Familien eine ganze Reihe von kleineren Wohnungen frei geworden waren und insofern keine Mietpreissteigerung aus der erhöhten Nachfrage nach Wohnungen dieser Größe entsprang. Genau wie im Vorjahr, läßt sich auch für das Jahr 1915 im allgemeinen eine Zunahme der Leerwohnungen erkennen."

Was hier über den Wohnungsmarkt und Leerwohnungen im allgemeinen gesagt ist, gilt auch für die Baugenossenschaften. Die vollen Wirkungen des Krieges auf den Wohnungsmarkt kamen erst im

Jahre 1915 zum Ausdruck. Die Zahl der Leerwohnungen stieg. Es standen leer:

1912	133
1913	102
1914	121
1915	412

Wohnungen. Die Zahl der Leerwohnungen macht also noch nicht einen so starken Prozentsatz der Wohnungen aus, wie sie sonst auf dem Wohnungsmarkt zu ersehen ist. Der höchste vom Hundert-Satz betrug nämlich auf dem allgemeinen Wohnungsmarkt 1915 7,4, der niedrigste 0,5. Die Baugenossenschaften blieben noch hinter dem niedrigsten vom Hundert-Satz zurück.

Zu beachten bleiben natürlich hierbei die besonderen, nur den Baugenossenschaften eigenen Verhältnisse, die die rückläufigen Tendenzen auf dem Wohnungsmarkt etwas auszugleichen imstande waren. Vor allem haben auch die Mieterlasse und Mietunterstützungen dazu beigetragen, einer stärkeren Schaffung leerstehender Wohnungen vorzubeugen,

Umfang der tatsächlichen Mietrückstände. Zahlungsunfähige Mieter.

Die schwierige Lage, in die die Baugenossenschaften durchweg durch den Krieg mitsamt dem ganzen Hausbesitz versetzt wurden, drückt sich vor allem auch in der Steigerung der Mietrückstände aus. Hierbei befanden sich die Baugenossenschaften vielfach noch in schlechterer Lage als der sonstige Hausbesitz, denn die vielen persönlichen Beziehungen, die der Mieter als Genosse mit seinem Vermieter, der Genossenschaft, verknüpfen, bringen es mit sich, daß vielfach eine weitgehendere Rücksichtnahme des Vermieters gegen den Mieter, der infolge der Gestaltung seiner Wirtschaftslage durch den Krieg nicht in der Lage ist, seine Miete zu bezahlen, notwendig wird. Es ist dies ein natürliches Ergebnis des gemeinnützigen Charakters der Baugenossenschaften.

Die Mietrückstände erfahren somit auch in der Kriegszeit eine recht beträchtliche Steigerung. Sie betrugen:

1912	44 977	ℳ
1913	43 100	
1914	138 785	
bis November 1915	193 730	"

Das bedeutet eine Steigerung von 248 % im Jahre 1914 gegenüber dem Vorjahre, von 377 % im Jahre 1915 gegenüber 1913.

Mitgliederbewegung bei den einzelnen Verbänden in den Jahren 1913 bis 1915.

Tabelle 29.

Verbände	Berichtende Vereine	Beitrittserklärungen 1913	Beitrittserklärungen 1914	Beitrittserklärungen 1915	Mitgliederabnahme 1913	Mitgliederabnahme 1914	Mitgliederabnahme 1915	Zu= bezw. Abnahme 1913	Zu= bezw. Abnahme 1914	Zu= bezw. Abnahme 1915
Verband der Baugenossenschaften Deutschlands	35	1 422	1 047	469	819	793	742	+ 603	+ 254	— 273
" der Baugenossenschaften von Hessen=Nassau und Süddeutschland	20	845	653	276	417	399	350	+ 428	+ 254	— 74
" schleswig=holsteinischer Baugenossenschaften	33	1 178	913	629	1 000	896	857	+ 178	+ 17	— 228
" der Baugenossenschaften von Nieder=Sachsen	37	3 127	2 262	960	1 305	1 070	1 030	+ 1 822	+ 1 192	— 70
	125	**6 572**	**4 875**	**2 334**	**3 541**	**3 158**	**2 979**	**+ 3 031**	**+ 1 717**	**— 645**

Die Mietrückstände bei den einzelnen Verbänden 1912 bis 1915.

Tabelle 30.

Verbände	Es betrugen die Mietrückstände:							
	1912		1913		1914		bis 1. 11. 1915	
	Zahl der Genossenschaften	M	Zahl der Genossenschaften	M	Zahl der Genossenschaften	M	Zahl der Genossenschaften	M

Die Bewertung dieser Mietrückstände in den Bilanzen dürften vielfach den Baugenossenschaften Schwierigkeiten bereiten, denn es ist nicht zweifelhaft, daß sich die Mietrückstände zu einem beträchtlichen Teil in endgültige Mietverluste verwandeln werden, vor allem, wenn der Krieg noch länger dauern sollte. Vorsichtigste Bewertung dieser Mietrückstände kann daher den Baugenossenschaften nur immer wieder empfohlen werden. Dies hat auch der Anwalt des Allgemeinen Verbandes, Dr. Crüger, in seinem Rundschreiben vom 11. Februar 1915 nachdrücklich zum Ausdruck gebracht.

Beachtenswert ist, daß vor allem auch Mietrückstände bei denjenigen Baugenossenschaften eingetreten sind, die früher solche nicht, oder nur für ganz vorübergehende Zeiten gekannt haben. Für 1913 berichten nur 49 Genossenschaften über solche Mietrückstände, 1914 aber 66, 1915 69. Sicher ist, daß die Mietrückstände teilweise noch viel erheblicher sein würden, wenn nicht eine weitgehende Mietunterstützung seitens öffentlicher Körperschaften eingesetzt hätte, die dadurch einen Teil der Mietausfälle auf sich genommen haben.

Wie sich die Mietrückstände auf die einzelnen Verbände verteilen, ergibt die Tabelle 30.

Zahlungsunfähige Mieter.

Belasteten so die Mietrückstände in steigendem Maße während des Krieges die Bilanzen der Baugenossenschaften teilweise mit immerhin zweifelhaften Forderungen, so brachten andererseits die Kriegsjahre den Baugenossenschaften in verstärktem Maße Mietverluste infolge Zahlungsunfähigkeit ihrer Mieter. Die Zunahme an zahlungsunfähigen Mietern in den Kriegsjahren erreichte teilweise eine recht bedenkliche Höhe. In den Jahren 1912 und 1913 spielten die Verluste der Genossenschaften infolge Zahlungsunfähigkeit der Mieter keine große Rolle gegenüber dem gesamten Mietsoll. Anders in den Jahren 1914 und 1915. Die Mietverluste betrugen

1912	4 347	ℳ
1913	6 587	„
1914	29 348	„
1915 bis November	98 579	

Besonders stark hatten die Baugenossenschaften des Verbandes für Niedersachsen unter solchen Mietverlusten zu leiden (vergl. Tab. 32).

Die Genossenschaften hatten eben nicht nur erhebliche Beträge an Mietrückständen ausstehen, es gingen ihnen gleichzeitig auch erhebliche Beträge infolge endgültiger Unbeitreibbarkeit der Mietforderungen verloren.

4. Geschäftsumfang und Erträgnisse der Genossenschaften. Buchmäßige Mietrückstände.

Jeweils am Ende des Jahres waren infolge der aufgelaufenen buchmäßigen Rückstände für die letzte Zahlungsperiode die gesamten Mietrückstände besonders hoch, sie betrugen

1912	156 790 ℳ
1913	160 018 „
1914	318 184 „
1915 bis 1. November	300 215 „ .

Die Steigerung der tatsächlichen Mietrückstände ist sicherlich eine der bedenklichsten Erscheinungen für die Baugenossenschaften. Einmal verleiten sie leicht zu einer Einstellung dieser Forderungen in die Bilanz, wie sie ihrem inneren Werte nach nicht entsprechen. Zum anderen verringern sie die Eingänge der Baugenossenschaften in einer Weise, daß dadurch gegebenenfalls die Erfüllung der Schuldnerpflichten der Genossenschaft gegenüber den Kapitalgläubigern gefährdet werden kann. Sicher ist, daß die Baugenossenschaften, wenn sie nicht mit so bequemen Geldgebern zu rechnen hätten, wie dies tatsächlich der Fall ist, ihnen ebenso wie z. B. jetzt dem privaten Hausbesitz, aus diesen Verhältnissen die gleiche schwierige Lage erwachsen würde. Es erscheint zum mindesten zweifelhaft, ob man unter den obwaltenden Umständen ohne weiteres behaupten darf, daß die Baugenossenschaften den Krieg bis jetzt gut überwunden hätten.

Mietverluste der Genossenschaften.

Die gesamten Mietverluste der Genossenschaften haben sich stark vermehrt. Betrugen sie 1912 nur erst 32 018 ℳ, 1913 37 414 ℳ, so stiegen sie 1914 auf 62 999 ℳ und 1915 bis November auf 168 130 ℳ (vergl. Tab. 31). Der größere Teil dieser Verluste entstand in den Kriegsjahren infolge Zahlungsunfähigkeit der Mieter, während in den Jahren 1912 und 1913 der größte Teil der Verluste auf leerstehende Wohnungen zurückzuführen ist.

Verluste aus leerstehenden Wohnungen.

Die Verluste durch leere Wohnungen haben sich in den Kriegsjahren, vor allem im Jahre 1915, allerdings auch stark gesteigert. Das Jahr 1914 war für den Wohnungsmarkt, besonders was Klein-

Tabelle 31.

Die Mietverluste der Genossenschaften infolge Zahlungsunfähigkeit der Mieter und infolge Leerstehens von Wohnungen in den Jahren 1912 bis 1915.

Verbände	1912		1913		1914		bis 1. 11. 1915	
	Zahl der Genossenschaften	ℳ	Zahl der Genossenschaften	ℳ	Zahl der Genossenschaften	ℳ	Zahl der Genossenschaften	ℳ
Verband der Baugenossenschaften Deutschlands	11	9 815	10	6 175	11	8 382	12	21 145
" der Baugenossenschaften von Hessen-Nassau und Süddeutschland	11	7 778	11	16 509	14	15 310	15	40 346
" schleswig-holsteinischer Baugenossenschaften	9	8 465	10	9 119	13	15 755	12	28 582
" der Baugenossenschaften von Nieder-Sachsen	10	6 102	10	5 769	20	23 720	16	78 427
Baugenossenschaften, welche keinem Unterverband angehören	1	2 836	1	1 398	1	1 754	1	7 645
	42	**34 996**	**42**	**38 970**	**59**	**80 921**	**56**	**177 125**

Tabelle 32.

Mietverluste infolge Zahlungsunfähigkeit der Mieter 1912 bis 1915.

Verbände	1912		1913		1914		bis 1. 11. 1915	
	Zahl der Genossenschaften	ℳ	Zahl der Genossenschaften	ℳ	Zahl der Genossenschaften	ℳ	Zahl der Genossenschaften	ℳ
Verband der Baugenossenschaften Deutschlands	4	600	4	465	5	2 363	5	8 539
" der Baugenossenschufteen von Hessen-Nassau und Süddeutschland	6	2 576	5	3 268	7	6 357	9	18 923
" schleswig-holsteinischer Baugenossenschaften	5	331	7	902	12	3 006	9	5 521
" der Baugenossenschaften von Nieder-Sachsen	7	982	8	2 110	15	17 790	13	65 966
Baugenossenschaften, welche keinem Verband angehören	—	—	—	—	1	592	1	4 940
	22	**4 489**	**24**	**6 745**	**40**	**30 108**	**37**	**103 889**

wohnungen angeht, nicht ungünstig gewesen, und die 5 Kriegsmonate konnten das Ergebnis nicht stören. So blieben die Verluste der Baugenossenschaften infolge Leerwohnungen im Jahre 1914 hinter den Verlusten der Jahre 1912 und 1913 zurück, erst das Jahr 1915 verzeichnet eine erhebliche Steigerung. Die Verluste ergeben sich aus Tabelle 33.

Reingewinne.

Für die Reingewinne liegen nur die Zahlen für 1913 und 1914 vor. Sie betrugen 1913: 634 474 *M*, 1914: 905 190 *M*. Für das Gedeihen der Genossenschaften bieten diese Zahlen noch keinen Anhalt. Teilweise wird sich das Steigen der Reingewinne auf eine gesteigerte Tätigkeit, Gestellung weiterer bezugsfertiger Häuser zurückführen lassen. Nur eine genaue Kenntnis der Lage einer Baugenossenschaft erlaubt ein sicheres Urteil darüber, inwieweit die Bilanzzahlen ein wahres Bild von dem inneren Wert der Genossenschaft gewähren. Höhere Gewinne ergeben sich vielfach bei geringerem Reparaturkonto oder bei einer Überbewertung der Mietrückstände. Sicher ist aber, daß die Genossenschaften im Kriege vielfach mit Reparaturen recht sparsam gewesen sind, ein Umstand, der sich nach dem Kriege sehr fühlbar machen wird. Auch die Zuschreibung von Zinsen auf unbebautem Terrain vermag ohne innere Werthebung der Bilanz eine Gewinnsteigerung herbeizuführen.

Die Genossenschaften haben übrigens trotz höherer Reingewinne einen geringeren Betrag an den Reservefonds abgeführt. Auch diese Tatsache ist für die Baugenossenschaften nicht erfreulich. Denn die Baugenossenschaften bedürfen bei der Ungewißheit der Lage des Bau- und Wohnungsmarktes in der Zukunft besonders starker Reserven, um auch stärkeren Ausfällen bei den Mietrückständen standhalten zu können.

5. Baugenossenschaften und Unterstützung durch öffentliche Körperschaften. — Mietbeihilfen an Mitglieder.

Ein besonders wichtiges Kapitel in der Kriegszeit ist für die Baugenossenschaften die Frage des Mietnachlasses an ihre Mitglieder und die Unterstützung dieser seitens der Gemeinden geworden.

Wie bereits oben gezeigt, haben sich die Beträge für Mietrückstände in den Kriegsmonaten sehr gesteigert. Diese Steigerung ist teilweise zurückzuführen auf notwendige Mietnachlässe, zu denen die

Mietverluste infolge Leerstehen von Wohnungen 1912 bis 1915.

Tabelle 33.

Verbände	1912		1913		1914		bis 1. 11. 1915	
	Zahl der Genossenschaften	M	Zahl der Genossenschaften	M	Zahl der Genossenschaften	M	Zahl der Genossenschaften	M
Verband der Baugenossenschaften Deutschlands	9	9 215	9	5 724	9	4 859	9	8 437
" der Baugenossenschaften von Hessen-Nassau und Süddeutschland	8	5 201	8	13 241	9	2 751	14	11 387
" schleswig-holsteinischer Baugenossenschaften	8	8 125	8	8 198	7	5 012	9	3 522
" der Baugenossenschaften von Nieder-Sachsen	5	5 110	5	3 679	11	8 383	13	30 782
Baugenossenschaften, welche keinem Unterverband angehören	1	2 836	1	1 398	1	1 161	1	2 705
	31	**30 487**	**31**	**29 240**	**37**	**20 166**	**48**	**26 833**

Zur Kriegsstatistik berichtende Baugenossenschaften.

Tabelle 34.

Verbände	Es berichteten		Mietbeihilfen empfingen	Ohne Mietbeihilfen
	im ganzen	zu dieser Frage		
Verband der Baugenossenschaft. Deutschlands	38	29	10	19
" der Baugenossenschaft. von Hessen-Nassau und Süddeutschland	28	24	14	10
" schleswig-holsteinischer Baugenossenschaften	34	28	12	16
" der Baugenossenschaften von Nieder-Sachsen	41	34	19	15
Baugenossenschaften, welche keinem Unterverband angehören	2	1	1	—
	143	**116**	**56**	**60**

Baugenossenschaften infolge der wirtschaftlichen Verhältnisse ihrer Mitglieder gezwungen waren.

Die schwierige Lage, in der sich infolge des Kriegsausbruches auch ohne ein allgemeines Moratorium der Hausbesitz befand, hat dazu geführt, daß die Gemeinden oder andere öffentliche Körperschaften ihrerseits dazu übergingen, den Hausbesitz, insonderheit die Baugenossenschaften, durch Gewährung von Mietbeihilfen vor zu weitgehenden Schädigungen zu sichern.

Von den 143 zur Kriegsstatistik berichtenden Baugenossenschaften haben sich 116 zu der Frage der Mietbeihilfe geäußert. Es wurden bei 56 Genossenschaften Mietbeihilfen seitens der Gemeinden usw. gewährt, bei 60 nicht. Die Verteilung auf die einzelnen Unterverbände zeigt vorstehende Tab. 34.

Die Mietbeihilfen wurden von den verschiedensten Seiten gewährt. Teilweise gaben sie die Stadtverwaltungen direkt, teilweise besondere, im Einvernehmen mit den Gemeindeverwaltungen gegründete, Kriegshilfen, vielfach die im Zusammenhang mit der Stadt arbeitende Kriegsfürsorge des Roten Kreuzes. Bei 2 Genossenschaften haben die Arbeitgeber der Mitglieder, die vor allem an der Baugenossenschaft beteiligt waren, Mietbeihilfen gewährt. In einem Fall waren die Mietbeihilfen in der Weise gewährt, daß die Gemeinde lediglich den Eingang der Miete garantierte, sofern die Baugenossenschaft den im Felde stehenden Mieter einen Mieterlaß von 4,65 ℳ bezw. 4,70 ℳ monatlich gewährte.

Die Art und die Voraussetzungen, unter denen die Mietbeihilfe zur Auszahlung gelangte, waren ganz verschieden. Teilweise wurde die Beihilfe direkt an die Genossenschaft abgeführt, teilweise wurde sie den Mitgliedern ausgezahlt, vielfach als Zuschläge zu den staatlichen Unterstützungen. Die Voraussetzung der Auszahlungen war meistens, daß der Mieter im Felde stand und die Unterstützung seinen Angehörigen zugute kam. Teilweise wurde auch gefordert, daß Bedürftigkeit vorlag. Die Mietbeihilfe kam bald ganz allgemein den Frauen der Kriegsteilnehmer zugute, bald bedurfte es besonderer Anträge an die Stadtverwaltungen. Die Höhe war ganz verschieden. Vereinzelt waren durch die Beihilfe im Zusammenhang mit den von den Baugenossenschaften als Gegenleistung geforderten Mietnachlässen die Familien der Mitglieder so gestellt, daß sie gar keine Miete mehr zu zahlen hatten. Dies war vor allem bei kleinen Wohnungen der Fall. Die Beihilfen waren bald feste Beiträge, bald bestanden sie in Bruchteilen der zu zahlenden Mieten.

Lasten der Genossenschaften aus diesen Beihilfen.

In vielen Fällen war die Gewährung der Mietbeihilfen auch an Bedingungen für den Vermieter, d. h., die Baugenossenschaft, geknüpft. Von den 56 Baugenossenschaften, bei denen Mietbeihilfen geleistet wurden, erfolgte die Beihilfe bei 23 ohne eine Bedingung für die Genossenschaft. Dies war auch der Fall bei der Gewährung der Beihilfen durch die Arbeitgeber. In den meisten Fällen erfolgte die Auszahlung der Beihilfe an die Mieter bezw. deren Frauen direkt. Auf die einzelnen Verbände verteilen sich die Zahlen wie folgt:

Tabelle 35.

Mietbeihilfen wurden gewährt:

Verbände	Ohne Bedingung	Unter Bedingung für die Genossenschaft
	an Genossenschaften	
Verband der Baugenossenschaften Deutschlands	3	7
„ der Baugenossenschaften von Hessen-Nassau und Süddeutschland	5	7
„ schleswig-holsteinischer Baugenossenschaften	8	6
„ der Baugenossenschaften von Nieder-Sachsen	7	12
Baugenossenschaften, welche keinem Unterverband angehören	—	1
	23	33

Die Art der Bedingungen war durchweg die gleiche, daß auch die Genossenschaft den Mietern durch Mieterlaß entgegenkam. In einem Falle erfolgte die Beihilfe unter der Bedingung, daß den Familien der Kriegsteilnehmer, für die die Zahlung erfolgte, für die Dauer des Krieges die Wohnung nicht gekündigt, noch die Mieter aus derselben herausgesetzt werden dürften.

Die Höhe des von der Baugenossenschaft gleichfalls zu gewährenden Mietnachlasses war unterschiedlich. Meistens hielt sie sich hinter der Beihilfe der öffentlichen Körperschaft zurück, vielfach kam sie ihr gleich. Der Höchstbetrag des Verzichts, der von den Baugenossenschaften gefordert wurde, war ein Drittel der Mieten. In 2 Fällen haben die Baugenossenschaften innerhalb ihrer Genossenschaft die Frage der Mieterleichterung zu regeln gesucht. Eine Genossenschaft zahlte aus einem besonderen Reservefonds des Vereins den Angehörigen von Kriegsteilnehmern Mietbeihilfen. Bei einer anderen Genossenschaft wurden den Frauen von Kriegsteilnehmern 50 % Mieterlaß gewährt. Die dadurch entstandenen Ausfälle wurden durch einen von Zeit zu Zeit zu erhebenden Zuschlag von den Nichtkriegsteilnehmern gedeckt.

Die Mietnachlässe, die den Baugenossenschaften oblagen, waren teilweise recht erheblich. Ob und inwieweit bei diesen Nachlässen auf eine spätere Rückzahlung zu rechnen ist, ergibt sich aus den Angaben nicht. Wenn eine Genossenschaft schreibt, es sei damit zu rechnen, daß die rückständigen oder gestundeten Mietzahlungen später noch eingehen werden, so dürfte diese Hoffnung bei der langen Dauer des Krieges immer unwahrscheinlicher werden.

Die Beträge für die zu leistenden Mietnachlässe sind mit der wachsenden Zahl der Einberufenen immer größer geworden und werden sich mit Dauer des Krieges weiter vergrößern. Es steht zu befürchten, daß aus den Mietnachlässen im Zusammenhang mit den Mietrückständen den Genossenschaften noch ernste Schwierigkeiten erwachsen werden.

Die Kriegsstatistik der Baugenossenschaften hat gezeigt, daß die Lage der Baugenossenschaften zum mindesten eine besonders schwere ist. Zu beachten bleibt, daß diese Zahlen sich nur mit der Zeit bis November 1915 befassen, daß inzwischen fast wieder ein volles Kriegsjahr vergangen ist, das die Tendenzen, die sich schon vorher bemerkbar gemacht hatten, nur verschärfen konnte.

3. Kapitel.
Gewerbliche Genossenschaften.

1. Umfang und Bedeutung der vorliegenden Kriegsstatistik.

Das Ergebnis, das die Kriegsstatistik bei den gewerblichen Genossenschaften erbringen konnte, mußte bei der geringen Zahl der dem Allgemeinen Verband angeschlossenen Genossenschaften nur unbedeutend sein. Immerhin gewährt es einen Einblick, wie der Krieg auch auf diese Genossenschaftsart eingewirkt hat. Der herausgegebene Fragebogen hatte nachstehenden Wortlaut:

Firma der Genossenschaft: **November 1915.**

Kriegsstatistik.

Gewerbliche Genossenschaften.

1. Hat Steigerung oder Rückgang des Absatzes an Rohmaterialien und Halbfabrikaten im Jahre 1914 stattgefunden?
in Mark . . . .
Worauf ist dies zurückzuführen?

2. Waren Schwierigkeiten bei der Beschaffung von Waren entstanden?
   Welcher Art?
3. Welchen Einfluß hat der Krieg auf den Geschäftsbetrieb der Mitglieder ausgeübt?
   Mit welchen Folgen für die geschäftlichen Beziehungen der Mitglieder zur Genossenschaft?
4. Hat sich die Genossenschaft an Heereslieferungen beteiligt?
   Welcher Art waren die Lieferungen?
   In welcher Höhe? (in Mark).
   Mit welchem Nutzen?
   Haben die vorhandenen Betriebsmittel hierfür ausgereicht?
   Wodurch ist gegebenenfalls der Mehrbedarf aufgebracht worden?
   Wie wurden die Kredite beschafft?
5. Bestanden am Platze besondere Kriegskreditkassen?
   Wurden diese in Anspruch genommen?

Firma der Genossenschaft: **November 1915.**

Kriegsstatistik.

Für alle Genossenschaften.

1. Zahl der Beitrittserklärungen:
   1913 . . . . . 1914 . . . . . . 1915 (bis 1. November)
2. Zahl der Kündigungen:
   1913 . . . . . . 1914 . . . . . . 1915 (bis 1. November
3. Zahl der Todesfälle:
   1913 . . . . . . 1914 . . . . . . 1915 (bis 1. November)
   infolge des Krieges . . . . . .
4. Zahl der Ausschließungen:
   1913 . . . . . . 1914 . . . . . . 1915 (bis 1. November)
5. Höhe der Dividende:
   für das Geschäftsjahr 1913 . . . . . . 1914 . . . . . .
6. Höhe des Reingewinnes:
   für das Geschäftsjahr 1913 1914
7. Höhe der Überweisungen an die Reserven:
   im Geschäftsjahr 1913 1914

Zum Jahrbuch des Allgemeinen Verbandes für 1914 berichteten
22 gewerbliche und eine landwirtschaftliche Rohstoffgenossenschaft,
12 Magazingenossenschaften,
13 gewerbliche Produktivgenossenschaften,
7 Werkgenossenschaften.

Von diesen 54 gewerblichen Genossenschaften haben sich 27 zu der Kriegsstatistik geäußert. Eine einheitliche Betrachtung ist hierbei sehr schwierig wegen der Verschiedenartigkeit der Gewerbe. Es waren an der Kriegsstatistik beteiligt:

10 Rohstoffgenossenschaften der Schuhmacher, 1 der Schneider, 1 der Bäcker, 1 der Malermeister, 1 der Schreinermeister, 1 Kohleneinkaufgenossenschaft und 1 Genossenschaft kraftfahrender Ärzte. Ferner 5 Magazingenossenschaften, und zwar 2 für Rauhwarenverwertung, 2 der Schreiner und 1 der Krugbäcker, ferner 2 Werkgenossenschaften, 1 der Bauhandwerker und 1 Transportgenossenschaft der Privatschiffer, 4 Produktivgenossenschaften, und zwar 2 Brauereien, 1 Buchdruckerei und 1 Vereinsmolkerei. Bei allen Arten von Genossenschaften hat der Krieg dem Geschäftsbetrieb sein Gepräge gegeben. Der Absatz von Rohmaterialien und Halbfabrikaten ging bei 13 von den berichtenden Genossenschaften zurück, während 10 eine Steigerung gegen das Vorjahr zu verzeichnen hatten.

2. Die Mitgliederbewegung.

Hier ergibt sich das gleiche wie bei allen anderen Genossenschaftsarten. Der Mitgliederrückgang durch Kündigung, Tod oder Ausschluß steigerte sich im Jahre 1914 gegenüber dem Vorjahr, ging aber im Jahre 1915 hinter den vom Jahre 1913 zurück. Er betrug 1912 312, 1913 487, 1914 223. Der Rückgang im Mitgliederbestand wurde durch den Zuwachs an Mitgliedern wieder ausgeglichen, wenn auch in dem Beitritt von neuen Mitgliedern während der Kriegszeit ein Rückgang eingetreten ist.

3. Der Einfluß des Krieges auf den Geschäftsbetrieb.

Insgesamt ist der Reingewinn bei den berichtenden Genossenschaften zurückgegangen. Er betrug 1913 330 812 *M*, 1914 311 187 *M*. Die Überweisungen an den Reservefonds blieben dementsprechend auch zurück. Sie sanken von 78 515 *M* in 1913 auf 62 397 *M* in 1914.

13 Genossenschaften brachte der Krieg eine Erschwerung in der Materialbeschaffung. Diese Erscheinung ist bei der allgemeinen Wirtschaftslage verständlich. Vor allem lag auch bei den Genossenschaften Knappheit des Materials vor, so z. B. bei den Leder verarbeitenden Genossenschaften. Bedingt war diese Knappheit teilweise durch wirtschaftspolitische Maßnahmen des Bundesrats (Beschlagnahme der betreffenden Artikel), teilweise führten vor allem in den ersten Kriegs-

monaten die erschwerten Verkehrsbedingungen (Waggonmangel) zu Übelständen. Auch die Einberufung zahlreichen Personals konnte für die Genossenschaften nicht ohne Folgen bleiben.

Handwerkergenossenschaften und Kriegslieferungen.

Die Vorteile, die die ungeheuren Kriegslieferungen zahlreichen Gewerbetreibenden gebracht haben, waren auch einigen Genossenschaften von Vorteil. Es handelt sich dabei nur um schon bestehende Genossenschaften, die in der Lage waren, sich an den Kriegslieferungen zu beteiligen. In Betracht kamen dabei die Lieferungen von Uniformen, Schuhen, Ledern und Fellen. Eine Brauereigenossenschaft hatte Kriegslieferungen in Bier, eine in Farben, eine in Säurebehältern. Der Wert der Lieferungen bewegte sich zwischen 200 ℳ und 1,3 Millionen. Den Höchstbetrag von 1,3 Millionen hatte eine Genossenschaft für Rauhwarenverwertung. Sie übernahm die Lieferung von Schlachtabfällen an die Heeresverwaltung und war auch schon im Frieden eine der größten Magazingenossenschaften des Verbandes.

Von den an Heereslieferungen beteiligten Genossenschaften konnten 6 von 8 die Lieferung mit eigenem Betriebskapital durchführen.

Alle Genossenschaften konnten ihren Betrieb aufrecht erhalten aus eigener Kraft bezw. auf Grund ihrer alten Kreditbeziehungen. In keinem Fall wurden die Kriegskreditkassen, die an zahlreichen Orten (8), an denen die Genossenschaften ihren Sitz hatten, bestanden, in Anspruch genommen. Es beweist dies, daß auch die gewerblichen Genossenschaften in sich so gekräftigt waren, daß sie den Schwierigkeiten, die der Krieg mit sich brachte, durchweg gewachsen waren.

Gründe für die Entwicklung des Geschäftsbetriebes.

Die Gründe für die Steigerung oder den Rückgang des Geschäftsbetriebes bei den Genossenschaften liegen in den allgemeinen wirtschaftlichen Verhältnissen. Der Mehrwert des Absatzes geht vielfach auf Erhöhung in den Materialpreisen zurück. In den einzelnen Fällen brachte auch ein Mitgliederzuwachs einen erhöhten Absatz. Der Rückgang im Umsatz geht vielfach zurück auf Materialmangel, auch Kontingentierung des Materials (Brauereigenossenschaften) sowie vor allem die Einberufung der Genossen oder des Personals der Genossenschaft.

Die Geschäftsbetriebe der Genossen.

Im engsten Zusammenhang damit steht die Entwicklung der Geschäftsbetriebe der Genossen. Die Rohstoffgenossenschaften berichten teilweise über einen Rückgang der Geschäftsbetriebe ihrer Mitglieder infolge Einberufung, allgemein wirtschaftspolitischer Maßnahmen oder allgemeiner Wirtschaftsdepression. Andererseits hatten vielfach diejenigen Betriebe der Mitglieder, die aufrecht erhalten werden konnten, infolge verminderter Konkurrenz der Einberufenen gut zu arbeiten. Bei allen Betrieben der Genossen wirkte störend der Mangel an Arbeitskräften. Vom Stand der Geschäftsbetriebe der Genossen waren andererseits auch die geschäftlichen Beziehungen der Mitglieder zur Genossenschaft beeinflußt. Manche Genossenschaften verzeichneten geringeren Einkauf der Mitglieder, auch Nichtbezahlung alter Schulden. Demgegenüber stehen dann vielfach verstärkte Geschäftsbeziehungen, teilweise verbunden mit einer Abstoßung alter Schulden.

Druck von Otto Walter, Berlin S 14.

Druck von Otto Walter, Berlin S 14.

FSC
www.fsc.org
MIX
Papier | Fördert gute Waldnutzung
FSC® C083411

Kolibri 360 GmbH
Ferdinand-Jühlke-Straße 7
99095 Erfurt, Deutschland
produktsicherheit@kolibri360.de